Schnerr | LEGO®. 100 Seiten

✳ Reclam 100 Seiten ✳

BETTINA SCHNERR, geb. 1971, ist freiberufliche Journalistin, Kulturkorrespondentin und Bloggerin, lebt mit ihrer Familie am Bodensee und traut sich barfuß ins Kinderzimmer.

Bettina Schnerr

LEGO®. 100 Seiten

RECLAM

3. Auflage

2021, 2024 Philipp Reclam jun. Verlag GmbH,
Siemensstraße 32, 71254 Ditzingen
Umschlaggestaltung nach einem Konzept von zero-media.net
Infografik (S. 66 f.): annodare GmbH, Agentur für Marketing
Bildnachweis: vor S. 1.: © B Christopher / Alamy Stock Foto;
S. 2: © Bettina Schnerr; S. 5: © PA Images / Alamy Stock Foto;
S. 35: © Chris Willson / Alamy Stock Foto; S. 55: Photo used with
permission. © 2021 The LEGO Group; S. 73: © Sam Stephenson /
Alamy Stock Foto; S. 87: © Richard Levine / Alamy Stock Foto;
Autorinnenfoto: © Ulrike Sommer
Umschlagmaterial: Creative Print, Schabert
Druck und Bindung: Esser printSolutions GmbH,
Untere Sonnenstraße 5, 84030 Ergolding
Printed in Germany 2024
RECLAM ist eine eingetragene Marke
der Philipp Reclam jun. GmbH & Co. KG, Stuttgart
ISBN 978-3-15-020582-2

Auch als E-Book erhältlich

www.reclam.de

Für mehr Informationen zur 100-Seiten-Reihe:
www.reclam.de/100Seiten

Inhalt

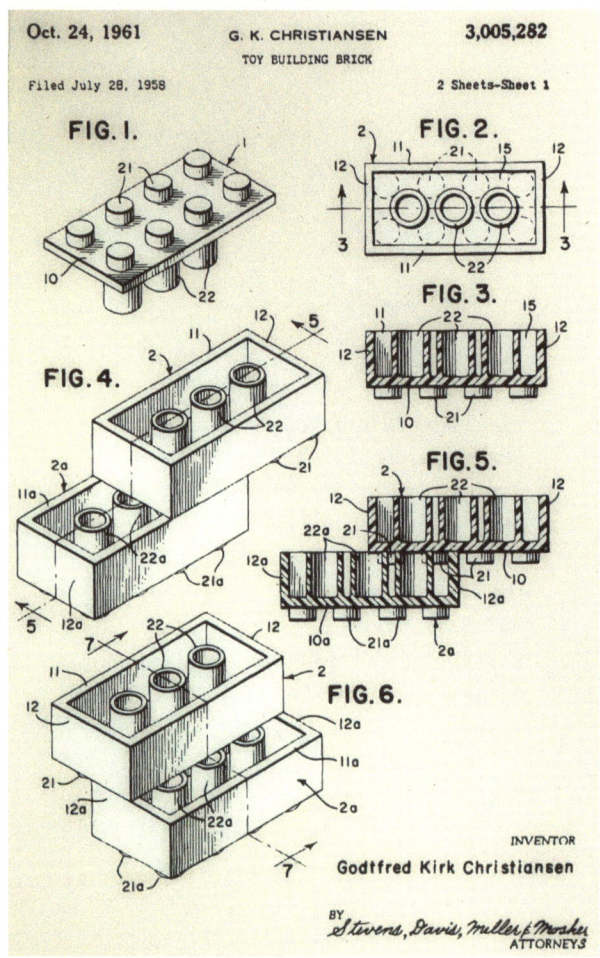

Oct. 24, 1961   G. K. CHRISTIANSEN   3,005,282

TOY BUILDING BRICK

Filed July 28, 1958   2 Sheets-Sheet 1

FIG. 1.

FIG. 2.

FIG. 3.

FIG. 4.

FIG. 5.

FIG. 6.

INVENTOR

Godtfred Kirk Christiansen

BY

Stevens, Davis, Miller & Mosher

ATTORNEYS

Grundstein für den Erfolg: Das US-amerikanische Patent für einen »Toy Building Brick« von 1961, ausgestellt auf Godtfred Kirk Christiansen

Wir haben die Bausteine, ihr habt die Ideen

Eine Schule in meiner Wohnregion hat den ehrlichsten Barfußpfad gebaut, den ich kenne. Tannenzapfen, Steine, Kiesel, Sand – und ein Element mit LEGO-Steinen. Die ultimative Herausforderung selbst für Könner. Man könnte meinen, der Piks an der Fußsohle sei für jeden mit ein paar Steinen zu Hause eine Selbstverständlichkeit wie blaue Flecken für Inlineskater oder Hockeyspieler. Weit gefehlt. Die Steine gehören zu den gefürchtetsten Erfahrungen im Kinderzimmer. Umso mehr, weil man sie stets zu spät entdeckt und vor dem äußerst unbarmherzigen Stechen nie rechtzeitig zurückzucken kann. Ein fachgerecht ausgeführter, zeitgenössischer Fluch lautet nicht umsonst »I hope you step on a LEGO«. Die kleinen Plastiksteine sind der Härtetest schlechthin. Dabei fing alles doch so harmlos an. Als pädagogisch wertvolles Kinderspielzeug und eine Weiterentwicklung des Urvaters aller Bausteine, dem klassischen Holzklotz. Umgesetzt in einer Version, in der sich aufeinandergestapelte Blöcke fest miteinander verbinden lassen. Die Steine sollten zunächst die Motorik der Kinder fördern, dann ihre Kreativität. Überdies hielten die Bauwerke viel länger als solche aus einfachen Stapelsteinen (wobei aus kindlicher Perspektive grundsätzlich nichts gegen einen Holzturm

Nur für Waghalsige: Der LEGO-Barfußpfad

einzuwenden ist, der krachend einstürzt). Die Namen für die kleinen Piesacker sind vielfältig: LEGO-Steine, Noppensteine, »LEGOs«, Bausteine, Bricks oder ganz offiziell Klemmbausteine. Sie sorgen für bunte Erfolgserlebnisse schon der Kleinsten und begleiten die Kinder je nach Neigung bis ins Teenageralter. In vielen Haushalten entwickeln sie sich zu dem einzigen Spielzeug, das kistenweise von Jahr zu Jahr mehr wird.

In der Spielzeugbranche überleben die meisten Spielzeuge nicht sehr lange. Zwar ist der Markt äußerst ertragreich: 2019 wurden mit Spielzeugen über 70 Milliarden Euro umgesetzt. Zugleich steht die Branche aber unter dem Druck, kontinuierlich Neuigkeiten auf den Markt zu werfen. Dazu kommt eine starke Konkurrenz durch die Bildschirme, seien es Fernsehen, Social Media oder Computerspiele. Für die Spielzeughersteller ist das kein einfaches Umfeld. Werbung für die gewünschten Zielgruppen wird zudem aufwendiger und damit teuer und günstige Angebote, vor allem aus China, setzen die Preisgestaltung unter Druck. Nur LEGO weicht nicht vom Spitzenplatz der Spielzeughersteller und das mit einem Sortiment, das in seinem Kern weder breit gefächert noch kostengünstig ist. Das Unternehmen bietet praktisch nur einen Produkttyp an, mit dem auch das gesamte Merchandising verknüpft ist: Plastiksteine zum aufeinander stecken. LEGO lag 2020 mit einem Gesamtumsatz von 5,9 Milliarden Euro weit vor den beiden diversifizierten Branchenriesen Hasbro (4,6 Milliarden) und Mattel (3,8 Milliarden). In Deutschland setzte LEGO jeweils ein Vielfaches der Wettbewerber um. Das Produkt LEGO-Stein lässt sich also als etwas Besonderes identifizieren. Nur wie schaffen es die Steine, Spitzenreiter in den Haushalten zu bleiben? Die Besonderheit liegt darin, dass kein anderes Spielzeug derart viele Spielaspekte über eine so breite Altersspanne trägt. Das Bauen mit LEGO-Steinen trainiert nicht nur die motorischen Fähigkeiten, es entfacht Kreativität und Phantasie, lädt zum Rollenspiel ein. Aus den Steinen lassen sich Kunstwerke bauen, sie sind wiederverwendbar und sehr langlebig. In der schnellen und digital geprägten Welt kann das Bauen mit Steinen eine analoge Insel der Ruhe und Kontemplation schaffen. Wer baut, muss ganz bei der Sache sein und kann das über eine lange Zeit bleiben. Zugleich profitiert LEGO von seinem eigenen Mythos, der einerseits in einer langen und erfolgreichen Unternehmensgeschichte und andererseits in einem spektakulären Turnaround Mitte der 2000er Jahre gründet. Und es gibt noch einen weiteren Faktor. Was fesselt, ist die Kreativität der erwachsenen Baumeister, die LEGO maßgeblich erst zu Kult und Mythos verholfen hat.

Als ich vor rund 15 Jahren das erste Mal einen erwachsenen LEGO-Fan traf, erzählte er, mit welcher Akribie er Fahrzeuge in den Maßstäben umrechnete. Er schilderte, wie viele Stunden er in einem LEGO-Geschäft zubringen konnte, um genau die Bausteine zu finden, die er benötigte. Mittlerweile begreife ich, was ihn antrieb, denn die Faszination liegt nicht nur darin, bei solchen Projekten alles auf einmal zu stemmen. Man ist Planer, Ingenieur, Einkäufer und Konstrukteur in Personalunion. Die Kreativität liegt zu einem ganz erheblichen Teil auch darin, einem simplen, viereckigen Klötzchen aus Plastik einen neuen Auftritt zu verschaffen. Mit LEGO zu bauen ist kein klassischer Modellbau, bei dem die Materialwahl das Vorbild imitiert. Mein Vater war auch Modellbauer. Bei ihm sah Gras aus wie Gras und Fachwerkhäuser waren perfekte kleine Versionen des Originals, mit rauem Putz und strukturiertem Holz. Seine Lokomotiven wurden mit Spezialfarben für Modelleisenbahner gestrichen und nicht mit »irgendeinem« anderen Lack, der zufällig eine halbwegs passende Farbe hatte. Mit Bausteinen aus Plastik jedoch funktioniert das alles nicht. Was immer damit gebaut wird, erhält durch die glänzenden, knallfarbigen Steine einen ganz neuen Charakter.

Aus genau diesem poppigen Auftritt speist sich eine ungeheure Attraktivität. Welches Bauwerk auch nachgebaut wird, es sieht erkennbar aus wie das Original und doch so viel attraktiver! Das Umwidmen von Material für die Kunst hat Tradition und löst großartige Paarungen aus. Kunst aus Alltagsgegenständen zum Beispiel ist so spannend, weil sie ein Umdenken in Formen, Farben und ganz besonders der Nutzung erfordert. Das gilt ebenso für ein Kinderspielzeug. Viel mehr als klassische Kunst spricht LEGO obendrein alle Altersstufen an, denn mit diesen Bausteinen identifizieren sich fast alle Menschen automatisch. Selten habe ich so viele leuchtende Augen und staunende Gesichter gesehen wie auf einer Skulp-

Der LEGO-Künstler Nathan Sawaya bei seiner Ausstellung
The Art of the Brick 2014 in London

turenausstellung des Künstlers Nathan Sawaya. Viele der Besucher hatten die Noppensteine zuvor offensichtlich nur mit
mehr oder minder skurrilen Bauwerken im Kinderzimmer in
Verbindung gebracht. Sawaya zeigte ihnen dagegen menschliche Körper, lebensgroß und formgetreu und in der Gestaltung
den Bildhauern absolut ebenbürtig. Gebaut aus abertausenden
kleinen, eckigen Steinen. Freilich sind die Körper hinterher
gelb oder blau, doch die Kombination aus Farbe und Material
macht aus dieser Kunst etwas Einzigartiges und etwas Rätsel-
haftes noch dazu. Denn egal ob Bauten oder Skulptur, jeder
fragt sich, wie man so etwas schafft. Gleich dahinter lauert die
Überlegung, ob man das nicht auch selbst hinbekommen
könnte. Die Steine dazu sind ja da.

Diese Frage lässt sich in kleinem Rahmen wissenschaftlich exakt beantworten. LEGO selbst gab über Jahre hinweg die folgende Antwort: Sechs 2×4-Steine könne man in 102 981 504 unterschiedlichen Variationen aufeinandersetzen. Gerechnet wurden dafür Türme mit der jeweils maximal möglichen Höhe. Schöpft man allerdings die Kombinationsmöglichkeiten vollends aus, wird das schnell kompliziert. Deshalb befasste sich der dänische Mathematikprofessor Søren Eilers 2005 erneut mit der Frage. Er berechnete die Variationsmöglichkeiten für sechs solcher Steine und kommt auf über 900 Millionen (präzise gesagt 915 103 765) Möglichkeiten, bei sieben Steinen sind es schon Milliarden, nämlich 85 747 377 755. Sobald die Berechnungen acht Steine oder mehr erreichen sollen, erinnern die erwarteten Rechenzeiten an den legendären Computer Deep Thought, den der Science-Fiction-Schriftsteller Douglas Adams (1952–2001) erfunden hat und der für die ihm gestellte Frage 7,5 Millionen Jahre Rechenzeit benötigt. Eilers vermutet auf Basis seiner Daten, dass die Zahl der Möglichkeiten für 25 Steine etwa 47 Stellen hat und die Zahl der Jahre, um das auszurechnen, hätte 42 (ich habe Deep Thought nicht umsonst erwähnt). Einfach zu rechnen ist nur die Zahl der Türme, die sich mit 25 Steinen bauen lässt, weil dafür dieselbe einfache Rechenmethode benutzt wird, die LEGO vor mehr als vierzig Jahren eingesetzt hatte und alleine das ist eine Zahl, die bereits sagenhafte 40 Stellen hat. Steine in unterschiedlichen Farben werden in dieser Rechnung nicht einmal berücksichtigt. Zu sagen, die Spielmöglichkeiten seien »unendlich«, ist also keine Übertreibung, sondern erwiesenermaßen Realität.

Eine kleine Manufaktur auf dem Land

Die Geschichte von LEGO beginnt vor über 100 Jahren im kleinen dänischen Dorf Billund. Ein winziger Weiler mit einer Handvoll Bauernhöfe, mitten im »finstersten Jütland«, wie man in Kopenhagen seinerzeit urteilte. Dort wuchs LEGO-Gründer Ole Kirk Christiansen (1891–1958) in einer landwirtschaftlich geprägten, recht kargen und ärmlichen Region auf. Ein älterer Bruder brachte ihm das Tischler- und Zimmermannshandwerk bei, mit dem Ole sich künftig seinen Lebensunterhalt verdienen sollte. Nach der üblichen Wanderschaft kehrte er als junger Mann nach Billund zurück und kaufte dort 1916, mit 25 Jahren, eine Tischlerei. Die kommenden Jahre stellte Ole genau das her, was zum üblichen Sortiment gehört: Schränke, Kommoden oder einzelne Elemente für die Bauernhäuser. Seine Kunden kamen vorrangig aus der näheren Umgebung, in der sich der junge Handwerker mit Gewissenhaftigkeit und Genauigkeit einen guten Ruf erarbeitete. Das ging gut bis ins Jahr 1924. Zwei der Söhne, einer davon gerade vier Jahre alt, feuerten einen Ofen an. Dabei setzten sich Späne in der Werkstatt in Brand und aus einem wärmenden Feuer gegen die strenge Kälte wurde ein Großbrand, der Haus und Werkstatt zerstörte. Doch Vater Ole hatte ausreichend Reputation bei der Bank und in der Region, sodass er zügig den Kredit für einen Neubau erhielt. Finanziert wurde das »Immobilienprojekt« bereits so, wie es noch heute gängige Praxis ist: Ole plante mit dem Architekten großzügiger als benötigt. Was an Räumen nicht selbst bewirtschaftet wurde, vermiete die Familie, um die Kredite abzahlen zu können.

Von Oles vier Söhnen entpuppte sich besonders Godtfred als heller Kopf, der wie sein Vater ein geschickter Tüftler und Handwerker war und obendrein kaufmännischen Verstand zeigte. Nach dem frühen Tod der Mutter musste der damals erst Zwölfjährige nach Anleitung des Vaters Buchführung und Rechnungsstellung übernehmen. Mit 14 Jahren trat der junge Godtfred dann nach seinem Schulabschluss offiziell in die Firma des Vaters ein.

Erste Spielwaren aus Billund

Wirtschaftlich waren die 1930er Jahre in Jütland nach der Weltwirtschaftskrise ebenso hart wie überall sonst. Der Tischlerbetrieb musste irgendwann seinen Mitarbeitern kündigen und Ole blieb zeitweilig neben dem Sohn Godtfred nur ein Lehrling als Mitarbeiter. Die Kirk Christiansens erweiterten ihr Sortiment der Kasse zuliebe um andere Holzprodukte wie Trittleitern, Bügelbretter oder Weihnachtsbaumständer. Als offizielle Firma meldete Ole Kirk Christiansen seinen Betrieb erst 1932 an. Um diese Zeit herum begann er, aus Abfallholz Miniaturen für Puppenhäuser zu bauen – die ersten Spielwaren aus Billund waren aus der Not heraus geboren. Ein Händler, der die Modelle auf der Durchfahrt entdeckte, forderte kurz darauf die erste Lieferung an. Seiner Meinung nach würden kleine Spielzeuge wie diese helfen, Kindern die harten Zeiten etwas erträglicher zu machen. Doch der Mann ging pleite, bevor er die Tischlerei für die bestellten Produkte bezahlen konnte. Um nicht auf seinen Spielwaren sitzen zu bleiben, packte Ole die Miniaturen kurzerhand in sein Auto (übrigens eines der ersten in Billund) und fuhr persönlich von einem Tante-Emma-Laden zum nächsten. Eine mühsame Plackerei, die sich jedoch lohnte. Er brachte sämtliche Spielzeuge unter die Leute. Zwar nicht gegen Geld, doch immerhin gegen die unterschiedlichsten Lebensmittel.

Ermutigt durch diesen Erfolg entwarf Godtfred weitere Spielzeugmodelle. Das Sortiment erweiterte sich unter anderem um Autos oder zusammenklappbare Puppenhäuser. Doch ein finanzieller Aufschwung sollte lange Zeit ausbleiben. Die 1930er überstand der Betrieb letztlich, weil Oles neun Geschwister mit einem Darlehen aushalfen. Verbunden übrigens mit dem dringenden Hinweis darauf, der Bruder möge mit der Finanzspritze bitteschön etwas Sinnvolleres herstellen als ausgerechnet Spielzeuge. Erst gegen Ende des Jahrzehnts stand die Firma wirtschaftlich so gut da, dass sie anderen Familien wieder Arbeit geben konnte. Allerdings nicht, weil Ole den Ratschlag der Geschwister beherzigt hatte. Sondern weil er an seinem Sortiment festgehalten, stur an den Erfolg geglaubt und glücklicherweise Recht behalten hatte.

Trotz der ständig knappen Kassen bestand der Firmengründer stets darauf, sämtliche Waren in perfekter Qualität abzuliefern. Bis heute erzählen die Dänen die Anekdote, dass Godtfred einst bei den Herstellkosten sparen wollte und die sonst dreifache Lackschicht nur doppelt ausführte. Stolz auf seine günstige Neuerung berichtete er dem Vater. Der allerdings schickte ihn umgehend zum Bahnhof, um die bereits versendeten Waren zurückzuholen und erwartete, dass der

Sohn die fehlende Lackschicht über Nacht nachbesserte. Diese Episode gilt mehr oder weniger als Geburtsstunde des firmeneigenen Leitspruchs »Nur das Beste ist gut genug / Det bedste er ikke for godt«, das später in Holz geschnitzt in der Werkstatt aufgehängt wurde. Bis heute erinnern Nachbildungen aus LEGO und Fotos der Schnitzerei an verschiedenen Stellen an die Qualitätsmaßstäbe des Firmengründers, die sich bis in aktuelle Produktlinien fortsetzen sollen.

Ein kürzerer Firmenname muss her

Der Firmenname, der inzwischen einen globalen Konzern und umgangssprachlich eine komplette Spielwarengattung prägt, entstand 1934. Verpackungen galten damals als überflüssig, weil kostspielig. Besser war es, die Produkte einfach auf der Unterseite zu stempeln. Für diesen Zweck war ein Schriftzug wie »Spielwaren aus der Tischlerei Kirk Christiansen, Billund« allerdings zu lang. 1934 lancierte die Firma deshalb einen Wettbewerb unter den Mitarbeitern, um eine bessere Lösung zu finden. Zur Auswahl standen schlussendlich die zwei Begriffe Legio und LEGO. Das erste Wort war abgeleitet von Legion, weil die Werkstatt eine »Legion von Spielzeugen« herzustellen vermochte. Das zweite war ein griffiger Zusammenschluss des dänischen »leg godt«, der Ausdruck für »spiele gut«. Der Ausgang dieser Wahl ist offenkundig, der Ausgang des Wettbewerbs weniger: Den Preis, den Ole ausgelobt hatte, eine Flasche Wein, strich der Chef mit seiner Kreation am Ende selber ein. Dass LEGO auch mit dem Lateinischen »ich sammle« oder »ich wähle aus« zusammenpasst, ist ein schöner Zufall, der allerdings erst Jahre später auffiel.

Als es in der Tischlerei endlich aufwärts ging, mit rund 10 Mitarbeitern und einem Portfolio von mehr als 40 Spielzeugen, kam 1939 der Zweite Weltkrieg. Die Lebensmittel wurden rationiert und es gab verschiedene Handelsbeschränkungen. Die Mitarbeiter der Firma LEGO traten nicht mehr nur zur Herstellung von Spielwaren an, sondern auch zum Torfstechen, um Heizmaterial zu beschaffen. Wirtschaftlich kam die entscheidende Wende in den 1940er Jahren, denn die Deutschen verhängten in Dänemark einen Importstopp für ausländische Spielzeuge. Für LEGO brachte das einen großen Standortvorteil, denn nun gab es für die Landsleute nichts anderes mehr als Spielwaren aus dem eigenen Land. Just da brannte es in der Tischlerei ein zweites Mal. Doch 1942 gelang es, zumindest Wohnung, Büro und Lager zu retten. Nur die Werkstatt wurde ein Opfer der Flammen. Ole entschied sich, trotz günstiger Angebote aus anderen Gemeinden, in Billund zu bleiben. Wie schon beim Brand einige Jahre zuvor legte er den Neubau größer aus, um die Firma zu modernisieren und mehr produzieren zu können. Nur wenige Monate später nahm die Tischlerei den Betrieb mit inzwischen schon fast 40 Mitarbeitern wieder vollends auf.

Kunststoff, das Material der vielfältigen Möglichkeiten

Nach Kriegsende fiel den Billundern eine neue Materialklasse auf, die Kunststoffe. Die Entdeckung dieser Materialien Ende des 19. Jahrhunderts hatte mittlerweile viele neue, unterschiedliche Typen hervorgebracht. Ole verstand das neue Angebot von Beginn an als große Chance für die Weiterentwicklung der Firma. Denn mittlerweile war der Importstopp für

Spielwaren gefallen und wie sich die Branche entwickeln würde, war nicht absehbar. Verständlicherweise wollte er in den Startlöchern stehen, sobald es wieder bergauf ging und die Möglichkeiten, die Kunststoff bot, schienen unerschöpflich. Als erster Spielwarenhersteller in Dänemark beschaffte sich Ole in London bei der Firma Windsor eine Spritzgießmaschine auf Pump. Godtfred erzählte später, der Vater habe nur mit Mühe davon überzeugt werden können, es zunächst beim kleineren und günstigeren Modell zu belassen.

Ole begann mit dem Experimentieren. Zu seinen ersten regulären Produkten aus Kunststoff gehörten eine fischförmige Kinderrassel und ein Traktor. Der Traktor setzte die Tradition fort, dass Kinder mit jenen Miniaturen spielten, die sie im Erwachsenenleben als Großvariante fanden. Als Fahrzeug an sich waren Traktoren nach dem Krieg zudem ein Symbol für Aufbruch, Moderne und Neubeginn. Wer wollte da keinen Traktor haben? Noch dazu ein Modell, das sich auseinandernehmen und wieder zusammenstecken ließ? Für den Absatzerfolg war Ole mit dieser Konstruktion ein kluger Schachzug gelungen und erstmals tauchte im Portfolio ein Produkt auf, das die Idee der Elementbauweise zeigte. Die Firma LEGO florierte in den Nachkriegsjahren, bot 1949 rund 50 Mitarbeitern einen Arbeitsplatz und fertigte insgesamt über 200 verschiedene Produkte aus Holz und Kunststoff in verschiedenen Sparten.

Die zündende Idee

Das ikonische Spielzeug, das die Firma nach oben katapultieren sollte, tauchte 1949 im Produktkatalog auf: Die »Automatic Binding Bricks«, englisch betitelt, weil das damals angesagt war. Sie sind sozusagen die dänischen Großeltern der LEGO-Steine, die wir heute kennen. Produziert wurden sie händisch auf Spritzgießmaschinen, mit denen je sechs Steine pro Durchgang hergestellt werden konnten. Eine Anekdote besagt, der Maschinenbediener habe die korrekte Zeitspanne für den Herstellungsprozess bemessen, indem er währenddessen eine Zigarre rauchte. Die Steine in zunächst vier Farben hatten einmal vier und einmal acht Noppen und wurden in flachen Pappschachteln verkauft. Rillen in den Seiten dienten als Aufnahme für Fenster. Die Steine allerdings waren auf der Unterseite vollständig hohl. Alles, was gebaut wurde, fiel schnell wieder auseinander. Als Verkaufsschlager erwiesen sich die Bausteine in den ersten Jahren infolgedessen wirklich nicht. Da half auch das Umtaufen in den griffigeren dänischen Namen »LEGO Mursten«, LEGO Mauerstein, wenig. Da die Firma eine Rücknahmegarantie für all ihre Waren anbot, machten die Händler ausgerechnet bei den Steinen ausnehmend Gebrauch davon. Geld in die Kassen brachten andere Plastikspielzeuge, die bis in die 1950er etwa die Hälfte der Produktion ausmachten, sowie klassische Holzspielzeuge, die vor allem Oles Sohn Godtfred weiterhin favorisierte.

Der Systemgedanke zieht in Billund ein

Für uns ist es heute selbstverständlich, dass alle Steine problemlos ineinanderpassen. Wer Steine auf dem Flohmarkt kauft, im Internet ersteigert oder geschenkt bekommt, kann sich jederzeit darauf verlassen, dass alle Elemente mit allem zusammenpassen, was bereits vorhanden ist. Als die Gründerfamilie über der Idee von steckbaren Steinen brütete, war das keineswegs selbstverständlich. Spielzeuge waren fast immer voneinander unabhängig und die Möglichkeiten zur »Erweiterung« sehr begrenzt (an diesem Merkmal hat sich in der Spielwarenbranche streng genommen bis heute wenig geändert). Auch die Noppensteine waren nur ein Angebot unter vielen. Dass LEGO gezielt ein System aufbauen würde, verdanken wir einem Spielwareneinkäufer aus Kopenhagen, der für ein großes Kaufhaus zuständig war. Mit ihm kam Godtfred, seit inzwischen vier Jahren Juniorchef der Firma, auf einer Reise 1954 ins Gespräch. Der Einkäufer beklagte diese Einwegkultur und wünschte sich stattdessen zusammenhängende Systeme, bei denen unterschiedliche Sets miteinander kombiniert werden können. Ein solches System würde sichere Nachfolgekäufe generieren. Diese Idee verfing bei den geschäftstüchtigen Billundern. Über Monate dachte man in den Büros darüber nach und entwickelte zehn Merkmale, die ein solches System erfüllen müsste:

1. Unbegrenzte Spielmöglichkeiten
2. Für Mädchen und Jungen
3. Begeistert alle Altersgruppen
4. Ganzjahresspiel
5. Gesundes und ruhiges Spiel
6. Unzählige Spielstunden
7. Entwicklung, Phantasie und Kreativität
8. Mehr LEGO vervielfacht den Spielwert
9. Leicht zu ergänzen
10. Perfekte Qualität

Mit diesen Merkmalen im Hinterkopf überprüfte Godtfred schließlich das gesamte Produktspektrum. Nur beim Noppenstein kam er zu dem Schluss, dass dieser den Anforderungen genügen würde. Als Kunststoffprodukt war er günstig, taugte für einen internationalen Absatz und mit ihm konnte auf einfache Weise eine Massenproduktion aufgebaut werden, die für vernünftige Umsätze sorgen würde. Im folgenden Jahr nutzte man bereits den Begriff »System« in der Werbung. Die Designkritikerin Alexandra Lange beschreibt die Steine in der Zeit zuvor als ein Angebot »zwischen den Kategorien«: zu klein für jüngere Kinder, aber auch nicht geeignet, um sie mit Autos, anderen Figuren oder Spielzeugen zu mischen. Mit der Systemidee jedoch war es gleichgültig, ob ein anderes Spielzeug dazu passen könnte. LEGO ergänzte sich selbst und die Firma hatte die Grundlage in der Hand, das System regelmäßig zu bestätigen.

Godtfred wusste von Beginn an, dass die ursprüngliche Konstruktion der Steine noch kein System unterstützen würde, wie es ihm vorschwebte. Die Klemmkraft, die die Steine aufeinander hielt, reichte schlicht nicht aus. Versteifungsrippen halfen zumindest ein bisschen, brachten das System aber nicht entscheidend voran. Beim Verkauf machten die Steine durchaus Fortschritte, doch zufrieden war der Tüftler noch lange nicht. So lange Kundenbeschwerden wegen der mangelnden Steckbarkeit hereinkamen, öffneten die Qualitätsprobleme nicht zuletzt Tür und Tor für Konkurrenten. Auf die finale Lösung kam der Werkzeugbau in Billund erst 1957. Was genau den entscheidenden Geistesblitz auslöste, ist nicht überliefert. Klar ist nur, dass die permanenten Experimente beim Bau der Formen und die Probeläufe auf der Spritzgießmaschine irgendwann zur Schlüsselerkenntnis führten: Beim 2×4-Stein liefern drei Röhren auf der Unterseite die nötige Stabilität. Jede Noppe erhält einen stabilen Dreipunktkontakt mit Wand und Röhren und genau das bringt die Klemmkraft auf das richtige Niveau. Dank dieses Bauprinzips können die Steine in jeder beliebigen Richtung aufeinander gesteckt werden, ohne auseinanderzufallen.

Auf den Rat eines Ingenieurs hin kümmerte sich Godtfred um die Patentierung der Konstruktion und reiste, als alle Unterlagen beisammen waren, nach Kopenhagen. Die Firma ist bis heute derart stolz auf ihr Patent, dass nicht nur das Datum bekannt ist, der 28. Januar 1958. Man kennt sogar die Uhrzeit, zu der das Patent in Kraft trat: Seit 14:58 Uhr an diesem Tag, so heißt es, waren die Billunder Pläne in Dänemark geschützt. Ein Jahr später erweiterte LEGO sein Patent auch ins Ausland.

Seither wurden die damals festgelegten Abmessungen nicht mehr angerührt. Alle Steine sind zwingend Teil eines übergeordneten Systems und müssen miteinander kombinierbar sein. Eine Produktserie, bei der 60 Jahre alte Elemente mit sämtlichen nachfolgenden Jahrgängen zusammenpassen, davon können so ziemlich alle anderen Branchen nur träumen. Abgesehen davon, dass Produktserien oft von vornherein nicht gerade auf Langlebigkeit ausgelegt werden. Aber das ist eine andere Geschichte.

Erste Expansion ins Ausland

Während in den Jahrzehnten zuvor Verpackungen bei Spielzeug keine allzu große Rolle spielten, waren sie als Unterscheidungsmerkmal inzwischen sehr wichtig geworden. Eine gute Verpackung ist Aufbewahrung und Werbematerial zugleich und daher steckten die Dänen ihre Bausteine bald in bunt bedruckte Pappschachteln. Godtfred holte seine eigenen Kinder vor die Kamera, um bei der Bebilderung Geld zu sparen. So wurde der spätere Firmenchef Kjeld bereits als Kind zu einem LEGO-Botschafter, gemeinsam mit seinen Schwestern. Für die Verbesserung der Werbung stellte LEGO in den 1950er Jahren erstmals einen Werbechef ein. In dieser Zeit verkaufte sich LEGO bereits in den Nachbarländern Schweden und Norwegen. 1955 fasste Godtfred die Expansion nach Deutschland ins Auge und stellte auf der Spielzeugmesse in Nürnberg aus. Die Leitmesse der Branche war ein wichtiger Gradmesser, wie gut das Bausteinsystem auf dem Markt ankommen würde. Doch die Rückmeldungen der Händler fielen entmutigend aus. Ungeeignet für den deutschen Markt, hieß es. Trotzdem verhandelte LEGO mit einigen Händlern Probelieferungen für das Weihnachtsgeschäft, um die Kundenresonanz direkt zu testen. Dabei zeigte sich, dass die LEGO-Steine bei deutschen Familien sehr gut ankamen. Die Spielwarenexperten auf der Messe hatten deren Vorlieben falsch eingeschätzt. Für Godtfred war das ein entscheidendes Startsignal und zügig gründete er 1956 eine Niederlassung im norddeutschen Hohenwestedt (1999 erfolgte der Wechsel nach München). Lange war Deutschland der größte Markt, heute gilt er immerhin als der treueste.

Den Grundstein der deutschen Werbung legte ein Werbefilm, in dem der damalige deutsche Geschäftsführer Axel Thomsen höchstselbst mit seiner Familie Klötzchen steckend auf dem Wohnzimmerteppich saß. Gezeigt wurde der Streifen in einem einzigen Hamburger Kino, denn für mehr reichte das Geld nicht. Stattdessen schickten die findigen Geschäftsleute Dutzende von Familien in die Kaufhäuser, die nach dem LEGO-System fragen sollten. Der Trick funktionierte: Die Einkäufer reagierten auf die so hohe Nachfrage und bestellten fleißig. Damit die Waren von Billund nach Deutschland kamen, schaffte die Firma erstmals einen Laster an, der die Päckchen zu Thomsen lieferte. In demselben Jahrzehnt erweiterte die Firma ihr Exportgebiet zusätzlich um die Schweiz, Holland, Belgien, Frankreich und Italien. Ende der 1950er Jahre besaß LEGO 40 Maschinen für die Produktion ihrer Plastikprodukte, hatte ein Dutzend weiterer Maschinen bestellt und seine Produktionsgebäude bereits zweimal erweitert. 1958, das Jahr, in dem das Patent angemeldet worden war, starb Firmengründer Ole Kirk Christiansen und Godtfred übernahm die Firmenleitung.

Wer sich heute übrigens fragt, warum ein Weltkonzern wie

LEGO noch immer seinen Hauptsitz in diesem kleinen Dorf hat – von dem die Einwohner angeblich sagen, es sei drei Stunden von allem entfernt – und offenbar nie in Betracht zog, näher an die Metropole Kopenhagen oder an einen anderen vermeintlich attraktiveren Ort zu ziehen, findet die Antwort in der über Jahrzehnte vergleichsweise beschaulichen Firmengeschichte. Ole Kirk Christiansen war ein klassischer Firmenpatron, der sich gegenüber seinen Mitarbeitern in großer Verantwortung sah. 1952, als die Firma rund 140 Mitarbeiter hatte, ließ er beispielsweise eine Kantine errichten, um die Leute zu versorgen. Parallel kümmerte er sich mit ebenso großem Engagement um das Dorf Billund. Er unterstützte unter anderem Initiativen für das Anlegen von Bürgersteigen oder einer Kanalisation und er stellte seinen Mitarbeitern günstiges Bauland zur Verfügung, das er zuvor hatte erschließen lassen. Das spricht nicht nur für eine gewisse Verbundenheit mit der Gegend, die auch die nachfolgenden Generationen nicht verloren haben. Inzwischen sitzt die vierte Generation der Familie am Ruder und solange die Kirk Christiansens über die Geschicke des Konzerns entscheiden, dürfte sich wenig daran ändern. Nicht zu vergessen, dass Billund längst von LEGO geprägt und durchdrungen wird. Vor den Toren liegt seit 1968 das Gelände des Legolands und für Dänemark-Urlauber gehört eine Tour raus aus Kopenhagen, gen Westen zu den bunten Steinen, zum festen Programm. Vor wenigen Jahren wich sogar das Billunder Rathaus dem Erlebniszentrum »LEGO House« und seit 2013 hat Billund auch eine internationale Schule mit rund 400 Schülern; zwei Mitglieder der Schulleitung werden von der LEGO-Foundation ernannt. Aus dem 300-Seelen-Dorf von 1930 wurde eine 6000-Einwohner-Stadt, die vor allem nach den 1960er Jahren unter dem Einfluss der LEGO-Expansion stark wuchs. Es gibt nur wenige Marken und Firmen, die in den Köpfen der Menschen so stark mit einem Ort verbunden werden. Sollte der Konzern eines Tages wirklich nicht mehr in den Händen der Familie Kirk Christiansen liegen, kein klar denkender CEO würde eine derart gewachsene Struktur aufgeben.

Die zweite Generation

Unter Godtfreds Federführung entwickelte sich LEGO immer besser. Was auch immer die Billunder auf den Markt brachten, wurde erfolgreich verkauft. Zum einen gab es unter den Spielzeugen nach wie vor kein vergleichbares System. Zum anderen wollten die Leute in den 1960er Jahren gerne etwas kaufen, wenn sie Geld hatten, und ihren Kindern Dinge gönnen, die sie selbst nicht gehabt hatten. Die Rahmenbedingungen waren für die aufstrebende Firma hervorragend. Firmenmitarbeiter dieser Zeit, die zur Arbeit bei LEGO befragt wurden, lobten oft Godtfreds Führungsstil, der zum Engagement der Mitarbeiter beigetragen hatte. Fehler seien kein Problem gewesen, im Gegensatz zur Arbeitskultur bei vielen anderen Firmen. Den Chef habe nie interessiert, wer an etwas die Schuld trage. Seine Frage insbesondere bei größeren Pannen soll stets gelautet haben: »Und wie kommen wir nun weiter?«

Damit das Unternehmen mit dem steigenden Bedarf Schritt halten konnte, holte man die Entwicklung aus dem Hobbykeller im Haus der Kirk Christiansens, wo bislang getüftelt wurde. LEGO gründete eine richtige Entwicklungsabteilung, getauft auf den Namen LEGO Futura (so heißt sie übrigens heute noch), die einen eigenen Chef bekam. 1959 besaß sie fünf Mitarbeiter, die sich ganz auf die Entwicklung konzentrierten.

Doch was war eigentlich aus den Holzspielzeugen geworden? Die gehörten bis 1960 weiterhin zum Sortiment, wurden aber nur in Dänemark vertrieben. Das Schicksal der Produktgruppe besiegelte schließlich ein drittes Großfeuer, das auf dem Firmengelände ausbrach. Im Februar 1960 brannte die komplette Holzwarenabteilung nieder. Zum ersten Mal entschied sich die Firma nicht dazu, alles wieder aufzubauen. Godtfred stellte die Holzwarenproduktion ganz ein und setzte alles auf eine Karte: Das LEGO-System. Seine älteren Brüder verließen das Unternehmen deswegen kurz darauf und machten mit eigenen Firmen weiter. Ihre Anteile kaufte Godtfred ab, sodass seither seine Nachkommen die einzigen LEGO-Erben sind.

In den 1960er Jahren wuchs die Firma sehr schnell. Es gab praktisch keinen Kontinent mehr, auf dem LEGO nicht erhältlich war. Die Mitarbeiterzahl verdreifachte sich etwa zwischen 1958 und 1960 auf rund 450 und stieg bis 1965 nochmals um über 150 Personen an. Die genoppten Bauklötze tauchten in immer mehr Kinderzimmern auf und Billund fütterte den Bedarf mit immer neuen Sets und Bausteinen. Um Kinder bereits ab dem Alter von 2 Jahren an das Bauen mit Steinen heranführen zu können, lancierte LEGO 1969 erfolgreich die Serie *Duplo*. Der Name leitet sich aus dessen Designprinzip ab: Alle Längen werden im Vergleich zum klassischen LEGO-Stein verdoppelt (doppelt – lateinisch: duplex, portugiesisch: duplo). Wie es sich für einen Systembaustein gehört, lassen sich *Duplo*- und LEGO-Steine nicht nur in der Größe voneinander ableiten. Man kann sie, von einigen Ausnahmen abgesehen, auch zusammenstecken (die Erweiterung der LEGO-»Nutzungszeit« setzte LEGO übrigens 1977 in die andere Richtung mit LEGO *Technic* fort, um Teenager bei der Stange zu halten).

1964 legte das Unternehmen seinen Sets erstmals Bauanleitungen bei. Bis zu diesem Zeitpunkt dienten die Verpackungsillustrationen als Inspiration. Wie die Modelle gebaut waren, mussten die Kinder selbst herausfinden. Die Anleitungen erwiesen sich als Riesenerfolg, sodass LEGO das Konzept beibehielt. Angeblich ließ sich LEGO bei IKEA beraten, um eine international verständliche und einfache Bildsprache für die Bauanleitungen zu entwickeln.

In demselben Jahr besaß das Unternehmen, verteilt auf 47 Länder, bereits 62 Patente, 19 Gebrauchsmuster, 29 Designpatente und 51 Warenzeicheneintragungen. Der Marketingchef dieser Zeit war gelernter Jurist und kümmerte sich intensiv um entsprechende Absicherungen. Und dennoch wirkte LEGO in mancherlei Hinsicht wie der kleine Betrieb, der es einst war: Noch zu Beginn der 1970er genehmigte Godtfred jede größere Anschaffung oder Ausgabe persönlich. 1961 kaufte sich LEGO erstmals ein Flugzeug, weil sich die Dienstreisen kaum noch bewältigen ließen. Als Flugplatz diente schlicht eine Wiese. Für die Landelichter bei nächtlichen Anflügen setzten die Mitarbeiter ganz pragmatisch ihre eigenen Autos ein, die Scheinwerfer richtig ausgerichtet. Zum großen Flughafen mauserte sich die Wiese, nachdem Godtfred einige Nachbargemeinden von einer Zusammenarbeit überzeugt hatte. Die Gemeinden bauten eine vernünftige Rollbahn inklusive einer professionellen Beleuchtung und nach der Eröffnung 1964 nahmen die Linienflüge ihren Betrieb auf. Heute fungiert Billund mit dem Flughafencode BLL als Frachtflughafen und Touristendrehscheibe. Nach Kopenhagen ist Billund der zweitgrößte Flughafen in Dänemark.

Die Noppensteine der ersten Jahre entstanden aus Celluloseacetat. Ein Material, das eine gute Klemmkraft lieferte und einfach zu beschaffen war. Die Entwicklung verschiedener Kunststofftypen war seit dem erstmaligen Einsatz von Kunststoff in Billund aber vorangekommen. Wieder experimentierte man an den Spritzgießmaschinen und landete bei ABS (Acrylnitril-Butadien-Styrol-Copolymerisat). Die Steinequalität profitierte von diesem Wechsel: Die Steine wurden stabiler, die Klemmkraft noch einen Tick besser und, für Kinder wichtig, die Farben wurden frischer. 1963 stellte LEGO die Produktion der Steine vollständig auf das neue Material um. Andere Materialien benutzt LEGO zum Beispiel für transparente Bausteine (z. B. Polycarbonat), Achsen (z. B. Polyamid) und Reifen (z. B. SBS Styrolbutadienstyrol). Während Celluloseacetat in die Jahre kommt und Verzug zeigen kann, sind die Steine seit dem Materialwechsel das, was die Werbung verspricht: Alles passt zusammen, egal, aus welchem Produktionsjahr es stammt. Und es muss ergänzt werden: Egal, aus welchem Werk es stammt.

Das Stammwerk ist traditionell in Billund. Der historisch gewachsene Standort Systemvej an der gleichnamigen Straße bietet schon seit fünfzig Jahren nicht mehr ausreichend Platz. Rund um Billund sind zwei Werke am bedeutendsten: Über 700 Mitarbeiter zogen ab 1971 in das Werk Højmarksvej, ebenfalls einfach nach der Straße benannt. Etwa zwanzig Jahre später wurde auch dieses zu klein und die Produktion zog Ende der 1980er noch ein paar Straßen weiter nach Kornmarken um, wo bis heute produziert wird.

Eine Produktion außerhalb Dänemarks gab es erstmals in

den 1950ern. Da LEGO wegen Importregularien nicht nach Norwegen liefern durfte, produzierte ein lokaler Hersteller vor Ort mit originalen Werkzeugen. Diese Zusammenarbeit endete etwa zehn Jahre später, als die Importbestimmungen aufgehoben wurden. Nach demselben Prinzip startete LEGO seine Präsenz in den USA und Kanada 1961: Der Kofferhersteller Samsonite produzierte die Steine mit Werkzeugen, die er von LEGO kaufte. Bis LEGO eigene Produktionen und Konfektionierungen im Ausland aufbaut, vergehen noch einige Jahre: 1973 ist es in den USA so weit, 1974 in der Schweiz und Kanada, gefolgt von Südkorea (1985), Brasilien (1986) und Tschechien (2000). Mexiko und Ungarn folgen 2006, zunächst als Auftragsvergabe an externe Dienstleister, dann wenige Jahre später unter eigener Regie. China hat den jüngsten Standort, der 2016 eröffnet wurde. Nicht alle dieser Werke werden die Geschichte des Unternehmens bis zum heutigen Tag begleiten, wie wir später sehen werden. Die beiden jüngsten Standorte stehen in China (Eröffnung 2016) und Vietnam (Eröffnung 2024). 2025 soll eine weitere Produktion in den USA in Betrieb genommen werden.

LEGO-Steine beginnen als unauffälliges ABS-Granulat, das von großen Tanklastern geliefert wird. Sie erinnern an Milchlaster und pumpen ihre Fracht in riesige Lagersilos außerhalb der Fabrikation (den bunten Auftritt bekommt das Material erst später durch spezielle Farbmischungen). Die Hallen selbst stehen voller ordentlich aufgereihter Spritzgießmaschinen, die über Rohre und Schläuche mit dem Materialvorrat verbunden sind. Von dort aus wird das Granulat, nicht größer als ein Reiskorn, an die einzelnen Maschinen verteilt. Darin wird das Material je nach Art unterschiedlich hoch erhitzt, bis es schmilzt und eine pastöse, klebrige Masse bildet. Diese wird mit hohem Druck in Hohlformen gespritzt, die der Masse die endgültige Form etwa eines Dachsteins, einer Platte oder eines 2×6-Steins verleihen. Die Maße der unterschiedlichen Bausteintypen müssen dabei äußerst präzise eingehalten werden. Zum Vergleich: Ein menschliches Haar ist im Schnitt 0,05 Millimeter dick. Ein LEGO-Stein dagegen muss eine Toleranz von 0,005 Millimeter einhalten, damit er später mit der richtigen Klemmkraft auf einem anderen Stein sitzt. Die Steine härten in der Form aus, werden automatisch aus dieser ausgestoßen und in Behältern gesammelt. Überschüssiger Kunststoff, die so genannten Angüsse, oder Steine, die auf den Boden fallen, recycelt LEGO und setzt das Material später wieder ein. Nur wenn es Schwierigkeiten gibt, zeigen kleine Lämpchen auf der Maschine dem Bedienpersonal an, dass es eingreifen muss. Im Gegensatz zur Fertigung der ersten Jahre wird nicht mehr ein Mitarbeiter pro Maschine benötigt; heute überwachen zwei Mitarbeiter 64 Maschinen gleichzeitig. Rund 4,7 Millionen Steine fallen in Billund stündlich aus den Werkzeugen.

Sind die Behälter voll, rollt ein AGV an, ein »automated guided vehicle«. Dieser Roboter auf Rädern, der 1987 erstmals in Billund eingesetzt wurde, tauscht die Behälter aus und fährt die vollen Kisten selbstständig zum Logistiksystem. Jede Kiste wird gerüttelt, damit die Deckel draufpassen, und ausgehend vom Barcode der Kiste verschwinden die Steine erst einmal in einem Hochlager, liebevoll Kathedrale genannt. Alleine im Werk Kornmarken passen über 420 000 Kisten in die Regale. Von hier aus werden die Steine wieder heruntergeholt, wenn sie an den Verpackungslinien gebraucht oder weiter konfektioniert werden. Dafür gibt es Montageautomaten, die Steine in einer bestimmten Richtung anordnen, andere, die die Dekorationen und Gesichter aufdrucken und wieder andere, die Minifiguren zusammenstecken. Zum Schluss stehen Maschinen, die Steine für die Verpackungslinie ordentlich in eine »Warteschlange« bringen und zählen oder wiegen können.

Für jede Spritzgießform besitzt LEGO eine spezifische Bedienungsanleitung mit Details wie Schmelzetemperatur, Druck und verschiedenen Zeiteinstellungen, damit bei jedem Einsatz die richtige Steinequalität erzielt wird. Ein eigenes Werkzeugteam hält die Formen in Schuss. Den hohen Produktionsstandard muss LEGO kontinuierlich aufrechterhalten, vor allem wegen des Weihnachtsgeschäfts. Während dieser Zeit wickelt LEGO in wenigen Wochen rund 60 Prozent seines Jahresumsatzes ab.

Aktuell produziert LEGO Steine in über 50 verschiedenen Farben. Allerdings verändert sich diese Palette immer wieder, wenn Farben aus dem Sortiment genommen und andere ergänzt werden. Im Jahr 2012, der Einführung von LEGO *Friends*, wurden beispielsweise sechs neue Farben angekündigt. Wer Einzelteile bei Verkaufsportalen im Internet bestellt, bekommt eine Auswahl von über 100 Farben, die jemals in Verwendung waren (was zumindest teilweise auch Umbenennungen geschuldet ist).

Ein Ausflug in das Legoland Billund

Die LEGO-Fabrik war im Dänemark der 1960er Jahre ein beliebtes Ausflugsziel. Ganze Vereine und Schulklassen wollten sehen, wo die bunten Noppensteine entstehen. Bis zu 20 000 Menschen kamen damals schon jährlich hierher. Das größte Interesse zogen dabei weniger die Fertigungshallen auf sich, sondern vor allem die großen und phantasievollen Modelle,

die die Mitarbeiter zusammengesteckt hatten. Der Besucher-
strom behinderte zunehmend die eigentliche Produktions-
arbeit. So kam Godtfred auf die Idee, die Modelle in einen kleinen Park auszulagern. Mehr Platz als ein Fußballfeld wollte er
dafür nicht aufwenden und allenfalls könnte ein »älteres Paar
Eintrittskarten verkaufen und Kaffee anbieten«. Doch die Idee
lief ein wenig aus dem Ruder. Je länger sich die Zuständigen
Gedanken machten, umso mehr Ideen kamen auf und der Park
entwickelte sich zu einem veritablen Großprojekt. Die Entwürfe lieferte ein Mann, der eigentlich Chefdekorateur in einem Kopenhagener Warenhaus war. Godtfred überzeugte
ihn, dem Park in Billund ein ebenso kreatives Gesicht zu verleihen wie üblicherweise den Schaufenstern. Rund 13 000
Quadratmeter Fläche gestaltete der Dekorateur schließlich
nach Godtfreds Visionen. Eröffnet wurde der Park im Juni
1968 und obgleich damit schon eine halbe Parksaison vorbei
war, kamen bis Saisonende über 600 000 Menschen, um dieses erste »Legoland« zu besuchen.

Einige Attraktionen, die man aus den heutigen Parks kennt,
sind inzwischen modernisiert worden, in ihrer Grundidee
aber unverändert: Ein Miniland mit Miniaturen berühmter lokaler Bauwerke gehörte und gehört ebenso dazu wie eine
Zugstrecke oder eine Kinderfahrschule. Auch ein Theater und
ein klassischer Spielplatz waren schon immer Bestandteil eines Legolands. Bootsfahrten fehlen ebenso wenig wie Achter-
bahnen, es gibt also einfach alles, was auch sonst einen Vergnü-
gungspark ausmacht. Gebaut wird in der Regel im Maßstab
1:20. Errichtet man damit den Hafen von Kopenhagen, sind
3 Millionen Steine fällig, aber nur 253 000 Steine braucht man
für das Kapitol in Washington. Für das Miniland in Billund
wurden mehr als 20 Millionen Steine benötigt, weitere Attrak-

tionen aus Steinen nicht mitgerechnet: Insgesamt verbaut ist parkweit über das Dreifache.

Heute umfasst der Park die vierfache Fläche wie zur Zeit seiner Eröffnung und er verfügt sogar über einen eigenen Poststempel. Die dänische Post erkennt den Briefkasten (selbstverständlich aus Klötzchen) offiziell an und stempelt »Legoland Billund« auf alle Karten und Briefe, die den Park verlassen. Die Saison ist vergleichsweise kurz, wurde von den Machern aber erweitert durch wetterunabhängige Attraktionen, sodass von März bis Oktober Betrieb herrscht. Zum Park in Billund gehört auch ein Spielwarenmuseum, das mechanische Objekte zeigt, Puppen und andere historische Spielwaren und natürlich alle Holzspielzeuge, die LEGO selbst einmal hergestellt hat.

Perfektion bis ins Detail: Legoland-Parks weltweit

Die Detailtreue in allen Parks, die ab den 1990er Jahren weltweit nach dänischem Vorbild entstanden, ist nahezu perfekt. Für die Gestaltung besuchen die Designer grundsätzlich die Originale jener Bauwerke, die sie nachbilden möchten. Sie fotografieren eifrig, auch die Umgebung, die in den Parks nach Möglichkeit immer passend gestaltet wird. Stets gehören Rasen und Bäume zu den Dioramen. Spezielle Züchtungen und Schnitte sorgen dafür, dass die echten Pflanzen rund um einen LEGO-Bau in Größe und Gestalt zur Attraktion passen. Damit keine Maulwurfshügel die schöne Illusion trüben, sind die Parks rundherum unterirdisch mit Kabeln umgeben.

Den ersten Ableger ließ LEGO 1973 an der deutschen Ostsee eröffnen. Das Projekt entpuppte sich als satter Flop. Der Ort erwies sich als schlecht erreichbar und zog kaum Familien an. Obendrein betrieb ein Lizenznehmer das Gelände, mit dem sich die Dänen über die Bewirtschaftung nie recht einigen konnten. Kurzerhand schloss LEGO den Park drei Jahre später. Anfang der Neunziger überschritten die Besucherzahlen in Billund allerdings erstmals die magische Marke von jährlich einer Million Besuchern. Die Dänen waren sich sicher, dass sich der Erfolg mit besserer Vorbereitung in anderen Ländern fortsetzen ließe. Als 1996 das Legoland Windsor, 30 Kilometer westlich von London eröffnete, lagen dem Projekt mehrere Jahre Recherche und Evaluierung zu Grunde. LEGO sprach mit Touristenbüros, sichtete Bibliotheken und Archive. Wieder fotografierten die Mitarbeiter hunderte Motive und nahmen Maß rund um alle Gebäude, die für Nachbildungen in Frage kamen. Bevor auch nur ein LEGO-Modell stand, gestalteten die verantwortlichen Teams den Park mit maßstabsgerechten Schaumstoffmodellen, um damit andere Details und die Land-schaftsgestaltung festlegen zu können. Die Gründlichkeit der Markforschung schlug sich sogar darin nieder, dass man Schul-ausflüge englischer Klassen untersuchte. Etwa nach der Häu-figkeit und den Jahrgängen, die auf Reisen gingen. Es zeigte sich, dass rund 3,3 Millionen Kinder im Umkreis von zwei Autostunden als potenzielle Parkbesucher in Frage kämen. Zusätzlich zu den Familien und Touristen, die der Park ohne-hin empfangen sollte. Speziell für Schulen entwickelte LEGO überdies verschiedene Programme mit Lernaktivitäten. Auch das ist ein Element, auf das LEGO bei jedem Park besteht, nämlich das Edutainment. Schlussendlich kaufte der Konzern einen ehemaligen Safaripark, der bereits eine gewisse Infra-struktur und Anbindung mitbrachte.

Auch bei allen anderen Parks bindet LEGO die lokalen Gege-benheiten ein. Vor allem schaut der Konzern auf das Einzugsgebiet. Für das deutsche Günzburg, wo 2002 ein Park öffnete, waren das über 15 Millionen Menschen zwischen Stuttgart und München, die über zwei Autobahnen anfahren können. Vor Ort bot ein 64 Hektar großes ehemaliges Militärgelände den geeigneten Platz. Das kalifornische Carlsbad, wo 1999 ein Legoland eröffnet wurde, liegt zwischen Los Angeles und San Diego und bietet obendrein ganzjährig gutes Wetter. Ähnliche Überlegungen galten in Japan, wo Tokyo trotz ausgezeichneter Voraussetzungen aus Platzmangel nur ein kleines Discovery-Center besitzt und der große Erlebnispark nach Nagoya vergeben wurde.

Der Chef, der keiner werden sollte

Kjeld Kirk Kristiansen (geb. 1947), der die dritte Generation der Gründerfamilie repräsentiert, hätte nach dem Wunsch des Vaters eigentlich gar nicht in die Firma eintreten sollen. Nicht, weil Godtfred dem Sohn keine Führungsrolle zugetraut hätte. Ganz im Gegenteil. Kjeld, dessen Nachname sich mit K, nicht mit Ch schreibt (in Dänemark sind beide Schreibweisen geläufig), wuchs selbstverständlich mit den Steinen auf. Abgesehen von seiner »Modeltätigkeit« für zahlreiche Schachteln war er oft Testspieler für neue Sets und tüftelte später sogar bei LEGO Futura mit. Ihm sagt man ein phänomenales Gedächtnis für so ziemlich alle Projekte und Details nach, die einmal durch seine Hände gegangen sind.

Doch Godtfred war der Meinung, Kjeld solle etwas Eigenes und Schöpferisches gestalten. Kjeld wollte die Firma hingegen unbedingt übernehmen. Er sammelte nach einem abgebrochenen Ingenieursstudium in Deutschland Erfahrung im Vertrieb und sattelte um auf ein Betriebswirtschaftsstudium in Aarhus. Eine Schweizer Managementschule folgte und parallel unterstützte er den 1973 begonnenen Vertrieb in den USA, nachdem die Kooperation mit Samsonite beendet worden war. Obwohl Kjeld insgesamt fünfeinhalb Jahre in der Schweiz und in den USA lebte, holte ihn der Vater monatlich für eine Woche nach Billund, um den Kontakt zur Firma zu halten. Die Methode war sicher anspruchsvoll, aber sie funktionierte. Als Kjeld 1977 in die Direktion berufen wurde, kannte er den Betrieb und seine Eigenheiten tatsächlich so gut, wie es nötig war. Zwei Jahre später wurde er Unternehmenschef. Da war Kjeld gerade einmal 31 Jahre alt. Der Wirtschaftsprofessor David C. Robertson notiert, der Sohn habe eine zu dieser Zeit stagnierende Firma übernommen. Grundsätzlich sah die geschäftliche Basis vernünftig aus. LEGO hatte weltweit über 1000 Mitarbeiter und verantwortete ein Prozent der gewerblichen Exporte Dänemarks. Doch Entscheidungen wurden nicht mehr so agil getroffen wie in den Boomjahren zuvor und das Wachstum verlangsamte sich. Kjeld wollte den Stillstand aufbrechen und strukturierte zunächst das gesamte LEGO-System neu, indem er entscheidend in das Sortiment eingriff. Offenkundig überforderte es Verbraucher und Händler gleichermaßen, dass einfach alles als »LEGO« beworben wurde. Ein »System im System« sollte Orientierung geben, welches Spielzeug zu welchem Alter und zu welchem Zweck passen würde. Die logische Aufteilung geschah infolgedessen nach Alter und Produkttyp: LEGO *Duplo* für Kleinkinder, LEGO Konstruktionsspielzeug für die älteren Kinder und eine dritte Gruppe mit allen anderen Produkten. Auf dem Markt sorgte das für eine bessere Kundenorientierung. Gleichzeitig erreichte Kjeld, dass auch intern gezielter gearbeitet werden konnte. Entwicklung und

Marketing kannten nun konkrete Produkt- und Markenprofile. Die genauere Abgrenzung sorgte dafür, dass *Duplo* sich zu einer eigenständigen Marke entwickeln konnte, die in Deutschland später fast ebenso groß wie LEGO selbst werden sollte. Eine weitere Überarbeitung gönnte der neue Firmenchef dem Spielsystem. Die LEGO-Städte boten sinnvoll zusammengestellte Konzepte für Läden, Häuser oder Tankstellen. Allerdings passten weder das Zugsystem noch die ersten Figurensets in die Gebäudedimensionen, die die Designer in Billund vorgegeben hatten. Beides verkaufte sich gut, wirkte jedoch nicht harmonisch. Seit 1978 verfügt LEGO über passende Figuren (die im nächsten Kapitel vorgestellt werden) und zwei Jahre später folgte eine maßstabsgerechte Eisenbahn. Vor allem wegen der Figuren konnte Kjeld einen dritten Schritt in der Neuausrichtung gehen, nämlich mit Themensets, die nach dem Bauerlebnis das Spielerlebnis verstärkten. Die ersten Themen »Castle« und »Space« legten den Grundstein für alle späteren Welten. Der Themenwelt-Erfinder Kjeld war es übrigens auch, der später die *Star Wars*-Lizenz absegnete und sich gegen viele Führungskräfte durchsetzte, die die Reihe wegen ihrer Kampflastigkeit nicht haben wollten. Die LEGO-Verantwortlichen in den USA hatten eigenständig mit Lucasfilm Kontakt aufgenommen, brauchten aber fast zwei Jahre Überzeugungsarbeit und Marktumfragen, bis der Chef der Diskussion ein erfolgreiches Ende setzte. Im Jahr der Markteinführung 1999, parallel zum Kinostart von *Die dunkle Bedrohung* (*Episode I – The Phantom Menace*, R: George Lucas), waren die lizenzierten Sets für mehr als ein Sechstel des Gesamtumsatzes verantwortlich. Die Lizenzvereinbarung war damit auch der erste große Versuch, LEGO mit Hilfe einer anderen Marke bekannter zu machen.

Die Gruppe der Spielzeuge, die nicht zum eigentlichen Konstruktionssystem gehörten, baute das Unternehmen unter Kjelds Regie stetig aus. In den 1980er Jahren startete LEGO seine verlegerische Tätigkeit. Bücher und TV-Filme erschienen bei der extra angelegten Abteilung LEGO Publishing. Zugleich experimentierte die Firma mit neuen Technologien. Für LEGO *Technic* entwickelte die Firma beispielsweise eine Computersteuerung, mit der Roboter und andere Modelle ferngelenkt werden konnten. Das System entstand in der Zusammenarbeit mit dem Mathematiker Seymour Papert auf Basis der Programmiersprache LOGO, die Papert am Massachusetts Institute of Technology (MIT) entwickelt hatte. Mit diesem System ließen sich zum Beispiel Autos durch die Gegend fahren oder konnten Roboter Aufgaben abarbeiten. Diese Zusammenarbeit legte den Grundstein für die spätere *Mindstorms*-Serie, die 1998 auf den Markt kam (und die nach einem wegweisenden Buch von Papert benannt wurde). Der Erfolg der Firma setze sich ungebrochen fort. In den 1980ern spielten etwa 70 Prozent aller Kinder in Europa mit LEGO im Kinderzimmer.

Die politischen Umwälzungen in Osteuropa nutzten die Dänen geschickt aus und schafften schon zur Jahreswende 1988/89 den Sprung in das große Kaufhaus GUM am Roten Platz in Moskau, ein Markt, der ihnen jahrzehntelang verwehrt war. Seit 1990 betreibt LEGO dort dauerhaft einen eigenen Shop. Der Name LEGO tauchte in den 1990ern erstmals in der Liste der zehn größten Spielzeughersteller auf, als erster europäischer Hersteller obendrein. Bis dahin war die Liste Unternehmen aus den USA und Japan vorbehalten. Was man in Billund anfasste, wurde zu Gold: Die Firma wuchs bis in die Mitte der 1990er Jahre über 15 Jahre hinweg im Schnitt mit 14 Prozent Umsatzplus jährlich und avancierte zum dänischen Vorzeigeobjekt. Wie stark sich das Land mit seiner weltberühmten Firma identifizierte, spürte man beispielsweise im Juni 1995, als Godtfred Kirk Christiansen starb: Das Land flaggte Halbmast.

Die Geburt der Figuren

Für LEGO-begeisterte Kinder war die Geburt um 1970 herum eine Art Schallmauer. Wer danach geboren wurde, konnte auf ein völlig anderes Spielerlebnis zählen als Kinder, die davor mit LEGO-Steinen bauten. Denn 1974 entstanden die ersten LEGO-Figuren. Wie bei allen anderen Produkten testete das Unternehmen ausgiebig, wie Kinder und Eltern auf Prototypen reagierten. Der Einsatz lohnte in jeder Hinsicht: Der erste Kasten »Familienschachtel 300« enthielt Vater, Mutter und drei Kinder und verkaufte sich spektakulär gut. Größe und Gestalt der Figur änderten sich daraufhin schnell zu dem Aussehen, das wir heute kennen. Die erste Variante war deutlich größer, mehrere Steine hoch, passte also nicht zu den Gebäuden. Die zweite Variante von 1975 hatte die geeignete Größe, besaß statt Armen und Beinen aber nur blöckchenförmige Elemente. 1978 setzte sich die Gestaltung durch, die seit mehr als vierzig Jahren Bestand hat, mit beweglichen Armen und Greifhänden, einer Sitzmöglichkeit und beweglichen Beinen. Der damals verantwortliche Designer Jens Nygaard Knudsen erstellte zwischen 1975 und 1978 gut und gerne fünfzig Prototypen, bis alle zufrieden waren. Die Figur wurde umgehend patentiert und genießt in einigen Ländern heute Schutz als 3D-Marke.

Durch die Figuren stiegen die Verkäufe der Sets nochmals rasant an und nicht zuletzt wurden die Minifiguren so beliebt,

Von den *Space*-Figuren bis zu Wonder Woman: LEGO-Minifiguren aus vier Jahrzehnten

dass LEGO ihnen eine gewisse Eigenständigkeit erlaubte. Seit 2010 gibt es eine eigene Sammleredition, die regelmäßig neue Modelle herausbringt. Der Erfolg überholt die Designer allerdings: Seit Anfang 2021 kürzt LEGO die Minifiguren der jeweiligen Edition auf 12 Modelle. Für den Fan ist es nun einfacher, ganze Serien zusammen zu bekommen; für LEGO ist es einfacher, noch neue Motive zu finden und vielleicht auch, unauffällig den Rotstift im Sortiment anzusetzen. Die Zahl der insgesamt produzierten Minifiguren überstieg im Jahr 2019 die Zahl der Weltbevölkerung: Inzwischen wurden mehr als acht Milliarden Stück gefertigt und jährlich kommen weiterhin über 500 Millionen dazu. Die allererste Figur war übrigens ein Polizist aus dem Set 600, der in der Minifiguren-Serie 18 eine

Wiedergeburt erlebte. In der Hand hielt er ein kleines »LEGO-Set« aus Platte und bedruckter Fliese, die genau jenes historische Set 600 zeigte.

Was wäre LEGO® ohne Werbung?

LEGO setzt seit jenem einsamen Kinospot in Hamburg auf gute Werbekonzepte, die im Lauf der Jahre immer ausgefeilter wurden. Der Geschäftsführung war klar, dass nicht nur das Produkt an sich, sondern auch die Aufmachung eine große Rolle für den Verkaufserfolg spielte. Auf der Weltausstellung 1964 in New York gehörten die LEGO-Steine ganz selbstverständlich zum dänischen Pavillon, in dem munter gesteckt und gebastelt wurde. Wenige Jahre später warb ein großes Kaufhaus ganzseitig in der *New York Times* damit, dass »der dänische Weihnachtsmann« in diesem Jahr per LEGO-Zug zur traditionellen Macy's Parade kommen würde. Ein Coup für LEGO, denn diese breitenwirksame Anzeige war für sie kostenfrei. LEGO bewies durchweg ein Händchen für kostengünstige PR-Ideen. Beispielsweise wurde ein Turmbauwettbewerb lanciert, aus dem der höchste, je gebaute LEGO-Turm hervorgehen sollte. Englische Kinder schufen 1980 eine 13,1 Meter hohe Konstruktion, die es ins *Guinness-Buch der Rekorde* schaffte. Damit traten sie eine ganze Serie von Aktionen los. Der Turm wurde seither mehrfach überboten und der aktuelle Rekord liegt bei 35 Metern (2015 in Mailand, rund 550 000 Steine). Im Grunde gibt es inzwischen kaum mehr eine Konstruktion, die nicht schon rekordverdächtig mit LEGO-Steinen ausprobiert wurde.

Als LEGO den US-amerikanischen Markt stärker bespielen

wollte, griffen die Werbestrategen auf eine sehr effektive Lösung zurück. Sie kooperierten 1983 mit McDonald's und ließen bestimmten Bestellungen eine Tüte mit je 18 Steinchen dazulegen. Die kostete zwar eine kleine Schutzgebühr, doch der Run darauf verpasste den regulären Verkäufen einen deutlichen Schub. Jede Woche veränderte LEGO die Zusammensetzung der Tüte, sodass die Kinder regelmäßig in die Restaurants zurückkehrten. Auch in anderen europäischen Ländern erwies sich die Aktion als sehr erfolgreich. Nur eine Kooperation in Deutschland gab es nie. Wie immer hatten die Dänen ausgiebige Marktforschung betrieben und stellten fest, dass die Burgerkette hierzulande nicht dieselbe Wertschätzung genoss wie in den USA. Die Marketingabteilung wollte nicht das Risiko eingehen, den Ruf des Unternehmens zu schädigen, und blies eine vergleichbare Aktion ab. 2015 tröstete LEGO die Verlierer der Oscar-Verleihung mit einem Ersatz aus Noppensteinen. Keiner der Prominenten ließ es sich nehmen, für mindestens ebenso viele Fotos zu posieren wie die Preisträger. Besonders in den sozialen Medien verbreiteten sich die Bilder der LEGO-Oscars schnell.

In Deutschland erwies sich 1996 eine Initiative zur Rettung der Dresdner Frauenkirche als äußerst erfolgreiche Aktion, die LEGO zusammen mit dem Hilton Hotel Dresden lancierte. Dahinter steckten zwei Jahre Vorbereitung mit mehreren Mitarbeitern. Sie studierten akribisch genau jene Pläne, die man für den Wiederaufbau zugrundelegte, und stellten die passende Mischung aus rund einer halben Million heller und dunkler Steine zusammen. In einem Zelt konnten Besucher dann für je 5 D-Mark einzelne Steine oder entsprechend teurere Steingruppen kaufen und mit Hilfe zweier Modellbauer aus dem Billunder Team aufstecken. Mit täglich bis zu 4000 Besuchern entstand ein beeindruckend genaues Modell der Frauenkirche im Maßstab 1:30, 3,3 Meter hoch und 300 Kilo schwer.

2013 präsentierten die Dänen in New York das bis dorthin größte je gebaute Modell: Der 1:1 Nachbau des x-Wing-Fighters aus *Star Wars* »blockierte« den Times Square zur Premierenfeier der *Yoda Chronicles*, einer Animationsserie, die in der LEGO-Version des Star-Wars-Universums spielt. Über fünf Millionen Bausteine brauchten die 32 Baukünstler für das mehr als 13 Meter lange Modell, das im Anschluss ins Legoland Kalifornien gebracht wurde. Sechs Jahre später ergriffen die Schweizer ihre Chance: Rührige Werber erteilten dem Fighter »Landeerlaubnis« auf dem Jungfraujoch in über 3400 Metern Höhe und lancierten mit der eigenen Werbekampagne für den internationalen Tourismus zugleich eine für den kleinen Baustein aus Jütland. Selbst ein Shitstorm ist brauchbar: 2018 versuchte LEGO gezielt, erwachsene Männer für ein *Technic*-Modell anzusprechen. Der gewagte Slogan: »So kompliziert wie eine Frau. Aber mit Bedienungsanleitung.« Die Sexismus-Kritik folgte auf dem Fuße, LEGO zog die Social-Media-Kampagne zurück und entschuldigte sich. Aber der Effekt war da. Über den 4000-Teile-Kran redete halb Deutschland. Ob den gewieften Marketing-Strategen der Agentur tatsächlich nur eine Panne unterlaufen war, ist die ungeklärte Preisfrage. Nicht zuletzt lockt LEGO Medien, die sonstiges Spielzeug, mit Ausnahme von Branchenmeldungen, eher links liegen lassen. Selbst Wirtschaftsmagazine verfassen anlässlich des Kinostarts des *LEGO Movie* (wir werden ihn später näher kennen lernen) Titelstorys und konservative Tageszeitungen öffnen ihre Kulturseiten. So stehen die Dänen gelegentlich in einer sehr breiten Öffentlichkeit, obwohl sie doch eigentlich »nur« Kinderspielzeug produzieren.

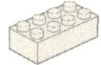

Traditionsmarke vor dem Aus

Von Godtfred ist die Warnung an seinen Sohn überliefert: »Wir sollten nicht die Größten werden, sondern die Besten bleiben.« Eine zu große Expansion betrachtete er als Risiko und er wies 1990 an, ein Sitzungsprotokoll wie folgt zu ergänzen: »Man soll bei allem Erfolg nicht zu hochnäsig werden.« Als ob er die Zukunft vorhergesehen hätte. Denn das Unternehmen LEGO stieß in den 1990ern erstmals an Grenzen. Videospiele machten den Bausteinen seit den späten 1980er Jahren den Platz im Kinderzimmer streitig wie zuvor kein anderes Spielzeug. Die Zeit zweistelliger Wachstumsraten war passé. In den Jahren 1993 und 1994 stagnierte der Verkauf. Doch der Gewinn des Folgejahres 1995 halbierte sich plötzlich gegenüber dem Vorjahr. Das schreckte die Konzernzentrale auf. Märkte wie Asien und Osteuropa liefen noch gut, doch die Absatzzahlen in dem bislang so kauffreudigen Deutschland blieben stecken. In dieses Jahrzehnt fiel nun eine Reihe unternehmerischer Entscheidungen, die LEGO wenige Jahre später an den Rand des Ruins bringen würden. Ausschlaggebend waren dabei weniger einzelne Irrtümer für sich. Vielmehr handelte es sich um die Verkettung einer Vielzahl von Einzelentscheidungen, die – wie sich später zeigen sollte – nicht richtig zusammengeführt wurden. Um die Herausforderungen zu überwinden, plante Kjeld nicht nur Einsparungen. Unter anderem wurden die Produktionen in Brasilien und den USA geschlossen. Er zog zusätzlich ein großes Investitionsprogramm auf. Stagnation konnte und wollte LEGO sich nicht erlauben. Bis zu diesem Zeitpunkt verfolgte LEGO Trends wie das Weltraumfieber eher gemächlich. Aber die immer stärker werdende Marktmacht der Computer- und Videospiele schien ein Umdenken nötig zu machen. So lieferten die LEGO-Entwickler neue Produktideen, um in neue Geschäftsbereiche zu expandieren und Absatzmärkte zu erschließen. In den Regalen standen plötzlich Uhren, Kleidung, Handtaschen oder Schmuck. Dazu eröffnete der Konzern zwei neue Legoland-Areale in England und Kalifornien. Speziell für die Entwicklung digitaler Elemente budgetierte Kjeld über mehrere Jahre hinweg umgerechnet mehrere hundert Millionen Euro Entwicklungsgelder. So gab es in der Folge ein LEGO *Technic* U-Boot mit der Bauanleitung und themenaffinen Computerspielen auf CD-ROM. Die neue Abteilung LEGO Media vertrieb Software für Kinder und mit der US-amerikanischen Firma Mindscape entwickelten sie das Computerspiel *LEGO Island*.

Zwischen 1994 und 1998 verdreifachte LEGO die Zahl seiner Produkte, um die Verkäufe anzukurbeln. Jährlich erschienen etwa 100 Neuheiten, zahllose neue Formen, Farbvariationen und Dekovarianten nicht eingerechnet. Ohne Erfolg: Die Verkaufszahlen rührten sich nicht vom Fleck. Statt der erwarteten Verbesserung stürzte der Gewinn ab und 1998 schrieb das Unternehmen mit 28 Millionen US-Dollar Schulden das erste Mal Miese in den Geschäftsbericht. Zusammengefasst passierte Folgendes: Das umfassendere Angebot verursachte eine komplexere Lieferkette bei einer gleichbleibenden Zahl von Verkaufsstellen. In dieselbe Zahl von Regalen kann man indes nur schwer mehr und mehr Waren quetschen und gleichzeitig erwarten, dass sich das Mehr von alleine verkauft. Die Kosten stiegen und fraßen den Gewinn auf. LEGO hatte Wachstum mit Erfolg verwechselt. Die Firma entließ fast 1000 Mitarbeiter, rund 10 Prozent der damaligen Belegschaft, was angesichts der tieferliegenden Probleme nur einer kosmetischen Maßnahme glich. Rückblickend betrachtet lässt sich die Schieflage in vielerlei Hinsicht auf hausgemachte Probleme herunterbrechen. Ein Wirtschaftsjournalist urteilte über die Jahre bis zur Jahrtausendwende: »Die Firma hatte auf eine ähnliche Art gewirtschaftet, wie Kinder mit LEGO spielen: einfach munter drauflos.« Beißender fällt da nur die Einschätzung als »Spielzeug-Behörde« aus. Da in Billund jahrzehntelang alles gut gelaufen war, glaubte man den Markt und vor allem die Kinder aus dem Effeff zu kennen. Das Unternehmen redete nicht über Profit und marktfähige Produkte, sondern sah sich als Hüter eines Heiligen Grals für Qualität und erzieherisch wertvolle Konzepte, mit denen man praktisch nichts falsch machen konnte. Die Firma hatte sich auf diese Weise selbst ein Bein gestellt.

Ein Turnaround-Spezialist soll's richten

Kjeld, seit 1979 ununterbrochen Firmenchef, holte 1998 daraufhin mit Poul Plougmann einen Manager ins Haus, der bereits Bang & Olufsen aus der Krise geholfen hatte, ein Unternehmen für hochpreisige Unterhaltungselektronik. Plougmann identifizierte neben der Marktdominanz der Videospiele weitere Herausforderungen für die Firma, vor allem im größten Absatzmarkt USA. Dort verlagerte sich der Vertrieb auf große

Handelsketten. Diese setzen große Mengen ab und beurteilen daher auch anders, was sich verkauft und was nicht. Nicht zu unterschätzen ist, dass große Abnehmer günstigere Einkaufskonditionen einfordern, die in Kombination mit dem nächsten Punkt die Margen schmelzen ließen: Immer mehr Spielwaren kamen aus dem günstigeren China und weil zeitgleich die Dänische Krone im Vergleich zum US-Dollar stärker wurde, kauften die US-Amerikaner lieber andere Spielzeuge günstiger ein. Nicht zuletzt war das Patent für die Steine längst ausgelaufen (siehe S. 64) und Wettbewerber wie Mega Bloks drängten auf denselben Markt. Ploughmann verordnete dem kränkelnden Konzern daher eine umfangreiche Innovationskur mit einem Sortiment verschiedener Maßnahmen. Zahlreiche neue Initiativen sollten den erhofften Aufschwung bringen.

Eine wichtige Maßnahme war die Marktforschung mit direktem Feedback aus der Zielgruppe. Dabei kam LEGO durch seine externen Berater eine erschreckende Erkenntnis zu Ohren: Zwei Drittel aller Kinder mochten gar keine Konstruktionsspielzeuge. Da ging offenbar eine riesige Kundengruppe flöten, von der man nichts wusste. Um sie zu ködern, entwickelte der Konzern die Figuren Galidor (2002) und vor allem Jack Stone (2001). Die bei vielen Kindern offenbar unbeliebte Zusammensteckerei wurde mit Formteilen auf ein Minimum reduziert und sehr einfach gehaltene Sets konzentrierten sich auf das Rollenspiel mit Helden, die erfolgreich gegen das Böse antraten. Dabei schwang die Sorge mit, vor allem auf dem wichtigen US-amerikanischen Markt könnten weniger geduldige Kinder nicht mehr so gut bauen wie früher. Mit den knalligen Video-Wettbewerbern im Vergleich erschienen Billunder Produkte plötzlich altbacken und betulich. Während die Designer den Neustart gerne mit klassischen Produkten wie

Autos oder Feuerwehren probiert hätten, wehrte das Management ab. Die Entscheider wollten nicht glauben, dass man mit solchen Spielwaren Erfolg haben würde. Aus dieser Zeit stammt der heute verheerend klingende Satz aus einem Markenmanual: Die größte Stärke des Unternehmens, der Stein, sei die größte Einschränkung. 2002 warf LEGO sogar *Duplo* für die ganz Kleinen aus dem Sortiment und ersetzte es durch das Programm *Explorer*, das zum Teil nicht einmal mehr Steine enthielt. Produkte wie ein Musikroller unterschieden sich praktisch nicht von irgendwelchem lärmenden und blinkenden Kleinstkinderspielzeug anderer Hersteller. Eine weitere Innovationsstrategie, die Plougmann verfolgte, war die Einstellung neuer und möglichst unterschiedlicher Leute, um über Diversität mehr Kreativität zu liefern. Keine schlechte Idee, waren die Entscheider doch größtenteils schon über 20 oder gar 30 Jahre in Billund und in festgefahrenen Pfaden unterwegs. Plougmann arbeitete mit Designern unter anderem in Mailand, Tokyo, Barcelona oder Los Angeles zusammen, um Trends aufzuspüren und Produkte zu entwickeln. Im Gegenzug kündigte der Konzern erfahrenen Leuten aus dem eigenen Haus.

Wenige Jahre später zeigte sich jedoch, dass Plougmanns Innovationsrakete nicht gezündet hatte. Im Gegenteil, LEGO war nur eine weitere Fehlentscheidung vom Bankrott entfernt. Der Konzern verlor wortwörtlich hunderttausende US-Dollar täglich. Dabei waren Plougmanns Ansätze nicht per se unpassend und mit der ungewöhnlichen *Bionicle*-Reihe hatte LEGO sogar eine eigene Fantasy-Saga entwickelt, die dem Konzern in vielerlei Hinsicht Erfolge einbrachte. Diese kam 2001 auf den Markt und basierte auf einer ausgefeilten Geschichte, bei der die Bewohner der fiktiven Insel Mata Nui von fremden

Mächten befreit werden sollen. Da *Bionicle* nicht wie die *Star Wars*-Serie auf einem Lizenzeinkauf basierte, blieben außerdem alle Gewinne bei LEGO. Umso mehr, da LEGO selbst als Lizenzgeber für Merchandising auftrat und an allen fremden *Bionicle*-Artikeln mitverdiente. Mit den Preisen kam Billund seinen jungen Käufern entgegen. Alle Sets waren so kalkuliert, dass sie mit dem Taschengeld bezahlbar waren, und zudem wagte sich LEGO an neue Vertriebskanäle. *Bionicle* gab es zum Beispiel an Tankstellen, sodass die cool in Plastikdosen hergerichteten Sets für Kinder besser zugänglich wurden. Das zugrundeliegende Konstruktionssystem funktionierte nicht zuletzt dank der neuen Kugelgelenke völlig anders als der klassische LEGO-Stein. Aber grundsätzlich wurde gebaut, Elemente konnten ausgetauscht werden und die Kinder waren von der phantasievollen Hintergrundstory hingerissen, die die Figuren im Halbjahrestakt begleitete. In den USA wurde *Bionicle* 2003 zum innovativsten Spielzeug des Jahres gekürt. In neun Jahren Laufzeit verkaufte LEGO rund 190 Millionen Figuren weltweit.

Dass sich die Gesamtheit aller Schritte für LEGO nicht auszahlte, lag eher daran, dass so vieles gleichzeitig passierte und die Abstimmungen fehlten. Die neuen Designer beispielsweise konnten, so gut sie waren, nichts mit dem Baustein und seiner grundlegenden Funktionsweise anfangen. Eine gewinnbringende Einführung in das Spielkonzept fehlte ebenso wie eine funktionierende Abstimmung zwischen Billund und den eben sehr diversen Außenposten, die vor sich hin wirkten. Erste Entlassungen machten jene, die blieben, eher mutlos als zuversichtlich. Trotz der unerquicklichen Lage hielt LEGO an seinen Legoland-Investitionen fest und eröffnete noch 2002 den deutschen Ableger. Gleichzeitig lief das Weihnachtsgeschäft so schlecht, dass die Händler stapelweise auf Ware sitzenblieben und den Billundern ins Gesicht sagten, dass sie sich mehr um die Marke sorgten als LEGO selbst. Beliebte Sets seien knapp und weder liefere LEGO ordentlich aus noch seien sie in der Lage, die Produktion für komplexere Sets richtig auf die Kette zu kriegen.

LEGO® schaut der Wirklichkeit ins Auge

Den Turnaround schaffte schließlich ein junger Mann, der erst seit wenigen Jahren bei der Firma arbeitete: Jørgen Vig Knudstorp (geb. 1968) war 2001 vom Finanzberater McKinsey gekommen und hatte das Unternehmen monatelang analysiert. Eine Aufgabe, die zu dem systematisch arbeitenden Mann passte, der nach einigen Jahren Praxiserfahrung eigentlich an die Universität zurückkehren wollte. Knudstorp lernte inklusive der Eignerfamilie und Verantwortlichen auf allen Ebenen praktisch jeden Winkel des Unternehmens kennen, von den Legoland-Parks über die Produktion bis hin zur Produktentwicklung, an allen erdenklichen Standorten. Als er nach eingehender Prüfung seinen Bericht 2003 vorlegte, begann er ihn eigenen Angaben zufolge mit den Worten: »The most important principle in business is to face reality.« Sein Fazit zu den Finanzen fiel bitter aus. Zwischen den Jahren 1993 und 2003 hatte LEGO keinen Gewinn eingefahren. Die Verantwortlichen konnten, als es um die blanke Existenz ging, nicht einmal sagen, welche Sets profitabel waren und welche nicht. Er hielt die finanzielle Situation sogar für weitaus schlechter als bislang gedacht und prognostizierte für 2004 noch schwerere Verluste als vom Management vermutet. Letztlich verdiente

LEGO nur mit drei Linien tatsächlich Geld: Mit *Bionicle* sowie den Lizenzprodukten zu *Stars Wars* (seit 1999) und *Harry Potter* (seit 2001). Zumindest warfen diese in jenen Jahren Gewinn ab, in denen die zugehörigen Filme herauskamen. Ausgerechnet 2003 und 2004 aber war nichts Passendes in den Kinos. Die Firma zeigte kein klares Kerngeschäft mehr und hatte vor lauter Neuanfängen die wichtigsten Kontakte verloren. Den zu den Kindern und den zu sich selbst. Mit Figuren wie Jack Stone war LEGO nie an jene Kinder herangekommen, die sie gewinnen wollten, und jene, die gerne konstruierten, hatten sie mit viel zu einfachen Sets vergrault. Die Großhändler machten deutlich, dass LEGO für sie nicht mehr das kreative Produkt sei, das es einmal gewesen war.

Knudstorp verließ nach seiner denkwürdigen Präsentation den Sitzungsraum und rechnete fest mit seinem Rauswurf. Doch überraschenderweise wollte die Geschäftsführung ihn behalten. Sie sah ein, dass er recht hatte. Stattdessen verließ Plougmann die Firma und LEGO bot überraschenderweise dem damals gerade 35 Jahre alten Knudstorp die operative Leitung an. Möglicherweise, weil niemand sonst den Job wollte, scherzt Wirtschaftsexperte David C. Robertson. Auf den Konten häuften sich rund 800 Millionen US-Dollar Schulden und im Jahr zuvor waren die Verkaufszahlen um 40 Prozent gesunken. Viel wahrscheinlicher aber bekam er die Aufgabe, weil er zu diesem Zeitpunkt einer der wenigen Mitarbeiter gewesen sein dürfte, der einen 360°-Blick auf die Firma hatte, der wusste, wie man die Herausforderungen strategisch und objektiv zerlegen konnte, der zugleich aber noch genügend Außenwahrnehmung besaß und nicht in festgefahrenen Denkmustern steckte. Das Vertrauen von Kjeld fußte vielleicht auch darauf, dass er selbst nicht älter gewesen war, als er die Verantwortung für LEGO übernommen hatte. Der Druck allerdings war gegenüber 1999 gewaltig gewachsen, denn der erste Versuch einer Kehrtwende war gescheitert. Der zweite musste zwingend klappen, sonst wäre die Unternehmensgeschichte zu Ende gewesen.

Der Aufbau von LEGO® 2.2

Knudstorp nahm an in dem Wissen, dass er jung genug war, jederzeit woanders neu anfangen zu können. Mit der Geschäftsführung verständigte er sich darauf, dass er sich drei Jahre lang ausschließlich um die Stabilisierung der Firma und deren Produktivität kümmern würde. LEGO hatte mit Jesper Ovesen zugleich den ehemaligen Finanzchef einer der größten skandinavischen Banken im Boot, der die Finanzen auf Vordermann brachte. Knudstorp und Ovesen krempelten die Firma in den kommenden Jahren um. In späteren Interviews betonte Knudstorp gerne, dass die Lösung auf der Straße gelegen habe: Jedes Handbuch für Management beschreibe ihr Vorgehen als Standard. Es war trotzdem nicht klar, ob es funktionieren würde. Knudstorps Arbeit fing hinter den Kulissen an, abgeschirmt durch den Firmeneigner Kjeld, bevor er im September 2004 offiziell zum CEO ernannt wurde. Das Jahr, in dem er das Ruder übernahm, schloss Billund mit neuer Rekordschuld ab: 260 Millionen Euro. Wenige Monate zuvor hatte Kjeld noch Vertreter der Investmentbank Morgan Stanley nach Hause geschickt, die helfen wollten, den Konzern zu verkaufen, bevor der Unternehmenswert abstürzen würde (auf eigene Faust hatte LEGO allerdings sehr wohl Übernahmemöglichkeiten ausgetüftelt, sollte das Team Knudstorp/Ovesen scheitern). Den mehr als 60 Millionen Euro großen Verlust der Legoland-Parks beglich derweil die Eignerfamilie, heute die reichste Familie Dänemarks, aus der eigenen Tasche.

Das Credo des frischgebackenen CEO gründete auf einer simplen Grundidee: Von allem die Finger lassen, was nichts mit dem klassischen LEGO-Stein zu tun hat, und die volle Konzentration auf das Kerngeschäft richten. Dieses verstand Knudstorp als Erbe und Zukunft zugleich. Zählen sollte bei LEGO einzig und allein der Baustein. Aus dieser Keimzelle leitete er erste Rettungsmaßnahmen und sämtliche Strategien ab. Die Kunden wollten die ihnen vertrauten Bausteine und kein breites Sortiment, wo überall »LEGO« draufstand. Später entwickelte er den Slogan »LEGO 2.2« für das Konzept, den Spielzeugmarkt mit einem klassischen Produkt wie dem 2×2-Noppenstein zu bedienen und dabei dessen haptische und kreative Eigenschaften mit Einflüssen aus dem digitalen Zeitalter zu verknüpfen. Die Finger ließ LEGO infolgedessen sehr schnell von einer Firma, die Spielplätze herstellte, sowie – viel entscheidender – den Legoland-Parks. Grundsätzlich erfordern solche Anlagen hohe Investitionen in Bereichen wie Sicherheit, Management, Gastronomie, Personal oder Logistik. Von alledem hatte LEGO keine Ahnung. 2005 wurden die bestehenden vier Parks für 375 Millionen Euro verkauft. Neuer Betreiber wurde das auf Freizeiteinrichtungen spezialisierte Merlin Entertainment, an dem die Familie Kirk Christiansen selbst beteiligt ist. Verdienen lässt sich mit den Parks auf diese Weise deutlich besser, die Familie bestimmt nach wie vor das Erscheinungsbild. Auch die Fertigung von Accessoires wie Uhren und Kleidung verlagerte LEGO zügig an Lizenznehmer, die sich in ihren jeweiligen Branchen auskennen, für die Logonutzung strikte Regeln befolgen und Gebühren zahlen.

Nimmt man den Stein als Grundlage, liegt ein großer Wettbewerbsvorteil von LEGO vor allem in der hauseigenen Produktionstechnik und der zugehörigen Qualitätssicherung. LEGO selbst gibt an, dabei insgesamt 28 Punkte für Abmessungen oder Farbe zu kontrollieren (nach eigenen Angaben werden pro eine Millionen Teile nur 18 fehlerhafte aussortiert). Eine ausgefeilte Logistik für alle Steinetypen, ihre Weiterverarbeitung und den Versand der Sets gehört in der Konsequenz dazu. Während der Restrukturierung kümmerte sich der Konzern um ein entsprechendes System, das den riesigen Steineausstoß sicher handhabt. Heute betreibt LEGO Produktionsanlagen in Dänemark, Ungarn, Tschechien, Mexiko, China, Vietnam (ab 2024) und USA (ab 2025). Alleine das Werk in Billund fertigt rund 40 Milliarden Steine pro Jahr und alle Steine müssen termingerecht konfektioniert und ausgeliefert werden.

Was an Steinetypen im Sortiment war, dünnte Knudstorp radikal aus. Lange hatte Godtfred die Einführung neuer Farben und Formen streng und kostenbewusst kontrolliert und nach seinem Ausstieg hielten diese Vorgaben viele Jahre. Doch als LEGO begann, zahlreiche Sets zum Aufbau neuer Gewinnpotenziale auszugeben, explodierte die Zahl unterschiedlicher Steinetypen innerhalb weniger Jahre regelrecht. Aus rund 6000 Typen wurden mehr als 14 000, die Farbenzahl stieg auf über 50. Für die Kostenstruktur war das alles andere als gesund. Zu jeder Steinform gehört eine spezifische Spritzgießform zu je mindestens 40 000 Euro. Bei jeder Neuentwicklung laufen zusätzlich Entwicklungs-, Lager- und Instandhaltungskosten auf. Die überwiegende Mehrheit der neuen Steine tauchte nach ihrer Entwicklung allerdings in gerade mal einem Set auf und wurde nie wieder eingesetzt. Dazu kamen Dubletten, wie zum Beispiel acht verschiedene Polizisten-Minifiguren. Oft entstanden daraus kalkulatorische Missverhältnisse: Eine Standardform kann während ihrer Lebenszeit Dutzende Millionen Steine produzieren, eine Spezialform oft nur wenige Zehntausend. Das verursachte bei solchen Elementen Herstellkosten von bis zu einem Euro pro Stück. Enthält ein einzelnes Set zu viele solcher Teile, was in den Vorjahren immer wieder vorkam, ruiniert das die Gewinnmargen. Tatsächlich produzierte LEGO einige Sets, deren Verkaufspreis noch unterhalb der Herstellkosten lag. Mit der ungenutzten Teilevielfalt war nun Schluss. Management und Designer einigten sich auf eine rentable Stückzahl aus den Kategorien Grundelemente, Dekorationselemente, Funktionselemente und Figuren und setzten die ursprüngliche Typenzahl um über die Hälfte herunter. Die Designer arbeiten seither mit der Vorgabe, ihre Entwürfe auf die vorhandenen Elemente zu stützen, um die Entwicklungskosten möglichst gering zu halten. Was nicht bedeutet, dass es keine neuen Formen mehr gäbe, aber die Kreativität kennt nun eine gewisse Bürokratie. Anfragen für neue Formen müssen solide begründet werden. Zugleich strich Knudstorp die erlaubte Entwicklungszeit auf maximal zwei Jahre zusammen; manche Entwicklungen schafften es gar binnen Jahresfrist von der Idee bis zum Karton. Auf diese Weise kann LEGO schneller auf Trends reagieren und Lizenzen begleiten. Einer der wichtigsten Knackpunkte aber war es, eine neue Mentalität in Billund zu initiieren: Um erfolgreich zu sein, sollten die Produkte zwar den Kindern gefallen, aber sie mussten in erster Linie Geld für die Firma abwerfen. Und das war in der ersten Phase womöglich die schwierigste Umstellung.

Im Produktprogramm war der wichtigste Schritt dagegen die Rückkehr zum Bauerlebnis. Musterbeispiel für diesen Strategiewechsel wurde ein Feuerwehrauto, das zur Neugestaltung der *City*-Reihe gehörte. Noch in den 1990er Jahren wurde das Modell aus vielen Steinen zusammengebaut, doch schon wenige Jahre später schrumpfte das Bauerlebnis massiv. Viele vorgefertigte Teile lehnten das Modell zu Beginn der 2000er Jahre optisch eher an ein Raumfahrzeug an als an jene LKW, die »in echt« durch die Straßen fuhren. Das änderte sich mit dem Neubeginn. Angeboten wurde ein Auto aus Standardsteinen, das günstiger zu produzieren war und ein größeres Bauerlebnis bot. Eine andere Produktserie, die Knudstorp den Umbau erleichterte, war *Bionicle*. Die Sets erschienen in hohem Tempo bei geringer Entwicklungsdauer. Das bewies, dass LEGO sehr wohl zügiger arbeiten konnte als sich das in den mehrjährigen Vorlaufzeiten der meisten Sets zeigte. Zugleich lernte LEGO hier am meisten darüber, wie man mit Lizenznehmern für Merchandising-Artikel zusammenarbeitet. Zunächst ließ sich LEGO viel Zeit, diese zu informieren. Ob aus Angst, dass Entwicklungen zu früh nach außen kamen, oder einfach aus historisch gewachsener Behäbigkeit. Doch damit Merchandising erfolgreich sein kann, müssen alle Elemente gleichzeitig auf den Markt kommen. In Billund entwickelte sich daraus ein deutlich schnellerer Kommunikationsstil, der Zuständigkeiten klar benannte.

Natürlich gehörten zum straffen Programm von Knudstorp und Ovesen auch sehr klassische Einsparungen. Rund ein Drittel aller Stellen wurde gestrichen, teure Standorte geschlossen. Das traf die Produktion in Südkorea und alle Schweizer Standorte, die noch übrig waren; die nordamerikanischen folgten wenige Jahre später. Durch Maßnahmen wie diese, Immobilienverkäufe und die Einstellung unprofitabler Produktlinien senkte LEGO seine Kosten innerhalb von zwei Jahren um 600 Millionen US-Dollar.

Die schon von Plougmann begründete Initiative, sich mehr um Kundenfeedback zu kümmern, wurde von LEGO auf ein völlig neues Level gehoben. Designer wohnten in Gastfamilien mit Kindern, um das Spiel mit eigenen Augen sehen zu können. Psychologen beobachteten die spielenden Kinder, um Muster und Interessen für Entwicklungen ableiten zu können. Im Laufe der Erneuerung machte das Unternehmen zudem etwas, was bis dahin undenkbar war: Es öffnete sich nach außen und holte aktiv Rückmeldungen von Fans ein. Man arbeitete zu guter Letzt sogar mit ihnen in der Entwicklung zusammen. Darauf komme ich später noch einmal zurück. Gleichzeitig polierte Billund das Sortiment auf. Knudstorp holte umgehend die *Duplo*-Steine ins Programm zurück. Die Firma verlor während der Vertriebspause geschätzt rund 50 Millionen US-Dollar, weil die beliebten Steine nicht mehr auf dem Markt waren. LEGO *City* kam mit einem klassischen Feuerwehrset wieder ins Programm und ist seit der Wiederauflage eine der erfolgreichsten Serien, maßgeblich, weil sie das originäre Bauerlebnis verspricht. Mit solchen Basismotiven fällte der Konzern die wichtige Entscheidung, sich bewusst auf jenen loyalen Kundenstamm einzulassen, der mit LEGO bauen wollte. Obwohl zu diesem Zeitpunkt niemand wirklich wusste, wie groß das Geschäft genau sein würde, war zumindest klar, dass nur mit solchen Kunden ein solides Fundament aufgebaut werden konnte.

»Die meisten Firmen verhungern nicht, sie sterben an Verstopfung«, erklärte Knudstorp einmal. Bei LEGO drohte der Niedergang, weil die Firma viel zu schnell viel zu groß gewachsen war. Eine Faustregel besagt, ein Unternehmen könne maximal alle 3 bis 5 Jahre etwas Neues zum Kerngeschäft hinzufügen, um die Integration auf allen Ebenen zu schaffen. LEGO kehrte das Prinzip um und integrierte 3 bis 5 solcher Erweiterungen jährlich. Die nötige Kreativität war da und einige Ansätze der ersten Rettungsaktionen waren sinnvoll. Nur hatte man über mehrere Jahre expandiert, ohne die notwendigen organisatorischen Strukturen aufzubauen. Viele Neuerungen hatten nicht klar genug mit der Marke LEGO zu tun. Werden heute neue Produkte außerhalb der Kernzone entwickelt, müssen sie mit dem Bauerlebnis verknüpft sein. Bei den Brettspielen zum Beispiel müssen zuerst Spielfelder, Figuren und Würfel zusammengesteckt werden; bei den Mosaiken, die nicht bespielt werden, sondern später an der Wand hängen, entsteht das gesamte Motiv aus selbst gesteckten Platten und Fliesen.

Knudstorps Aufräumarbeiten zeigten bald erste Wirkung: Schon im folgenden Jahr stiegen die Verkaufszahlen und damit zügiger als geplant und erhofft. LEGO kehrte überraschend schnell zu einem Wachstum zurück, das bereits die ersten Jahrzehnte des Unternehmens gekennzeichnet hatte. 2008 beispielsweise brach der Spielwarenmarkt in den USA um acht Prozent ein; nur LEGO erwirtschaftete ein Verkaufsplus von über 18 Prozent. Ein teures LEGO-Set verkaufte sich in diesem Jahr besser als die oft günstigeren Spielwaren der Wettbewerber. Die Erfolge ermutigten LEGO bald wieder, neue Kooperationen einzugehen, wie die mit Warner Bros. für das *LEGO Movie* von 2014 (R: Phil Lord und Chris Miller). Der Film spielte bei Produktionskosten von rund 60 Millionen US-Dollar weltweit über 468 Millionen ein. Er erhielt namhafte Preise und Nominierungen und wurde von einem satten Sortiment an Sets und Merchandising-Artikeln begleitet, mit denen sich der Erfolg in Billund finanziell weiter ausschlachten ließ.

Nachdem der Konzern sich finanziell erholt und eine tragfähige Strategie erarbeitet hatte, war auch der Boden geschaffen für neue Expansionen. LEGO konzentriert sich dabei vor allem auf Asien. Ein lohnender Markt, in dem 60 Prozent aller Kinder auf der Welt leben und der im Vergleich zu den gesättigten Märkten Europa und Nordamerika Wachstum verspricht. Von Shanghai aus koordiniert der Konzern die Aktivitäten und im chinesischen Jiaxing erfolgt die marktnahe Produktion. Zunächst standen dort neben Packanlagen nur rund 50 Spritzgießmaschinen, ein Jahr später bereits fast 400. Ausgelegt sind die Pläne der Fabrik allerdings für mehr als 1500 Maschinen, die nach Angaben einer Branchenzeitschrift über 70 Milliarden Steine pro Jahr produzieren werden. Rund 70 bis 80 Prozent der Produktion aus Jiaxing sollen in der Region verkauft werden und dabei spielt auch die Idee eine Rolle, regionale Wünsche besser bedienen zu können.

In diesen Jahren wechselte der Konzern recht unauffällig in die vierte Familiengeneration. Unauffällig deshalb, weil Thomas Kirk Kristiansen (geb. 1979) mit seinen beiden Schwestern Sofie und Agneta zu der ersten Eigentümergeneration gehört, die sich nicht aktiv am Tagesgeschäft beteiligt und den Posten des Geschäftsführers von vornherein Externen überlässt. Während die Geschwister Godtfreds und auch Kjelds jeweils aus dem Konzern ausgekauft worden waren, wollen diese drei Geschwister LEGO mit je einem aktiven Repräsentanten gemeinschaftlich weiterführen und trafen für die fünfte und weitere Generationen entsprechende Vereinbarungen, damit das gelingt. Ihr Wirken verlagert sich auf eine andere Ebene, den Vorstand des Konzerns: Thomas, aktueller Vertreter der vierten Generation, trat dort 2007 ein und wechselte nach Jahren der Einarbeitung erst 2019 auf den Posten des Vorsitzenden;

Vereint am Spieltisch: Kjeld Kirk Kristiansen (Mitte), sein Sohn Thomas (links) und Jørgen Vig Knudstorp (rechts). Auffällig: Auch Manschettenknöpfe lassen sich aus LEGO-Steinen bauen

Vater Kjeld bleibt Stellvertreter. Zeitgleich ist Thomas stellvertretender Chef der LEGO Brand Group, Vorstandsvorsitzender der LEGO Foundation und er arbeitet als Vorstandsmitglied bei der familieneigenen Investmentgesellschaft Kirkbi, der LEGO zu 75 Prozent gehört. Kirkbi hält zudem sämtliche Markenrechte von LEGO und Legoland, sowie fast 50 Prozent von Merlin Entertainment. Merlin betreut über 120 verschiedene Freizeiteinrichtungen wie die Legoland-Parks, Sea Life-Aquarien oder Madame Tussauds. Die Holding investiert außerdem zum Beispiel in Immobilien oder Energieunternehmen. Im Jahr 2020 wies sie einen Gewinn von rund 860 Millionen Euro aus. Die restlichen 25 Prozent von LEGO gehören der LEGO Foundation, einer 1986 gegründeten Stiftung, die sich aus den Erlösen ihrer LEGO-Beteiligung finanziert. Sie bemüht sich darum, die Bildungschancen und -perspektiven vor allem von benachteiligten Kindern weltweit über verschiedene Projekte, Forschung und Spenden zu verbessern.

Der Chef hält sich aus der Öffentlichkeit weitestgehend heraus, doch einen beruhigenden Fakt kann ich weitergeben: Natürlich kennt er die Produkte aus dem Effeff von frühester Kindheit an. Während Vater Kjeld aber noch bei LEGO Futura mitarbeitete, gab Thomas in einem Interview einmal zu, nur nach Anleitung bauen zu können. So habe er für LEGO schließlich von klein auf »gearbeitet«, als Set-Tester aus der Zielgruppe.

Der Noppenstein plumpst in den Gender Gap

Wir erinnern uns daran, dass LEGO laut den Statuten von Godtfred Kirk Christiansen Spielzeuge für Jungen und Mädchen, also einfach für alle Kinder anbieten solle. Ikonisch für dieses Versprechen steht heute eine ganzseitige Anzeige der Firma von 1981, auf der ein Mädchen in Jeans und Turnschuhen stolz eine wildbunte Kreation in die Kamera hält und findet »What it is is beautiful«.

Dieses Motiv wurde rund 30 Jahre später wieder populär, als mit LEGO *Friends* eine Serie auf den Markt kam, die sich mit einem Überfluss an Pastell und Schleifchen exklusiv an Mädchen richtete. Man kann getrost sagen, die Serie kam nicht überall gut an. Die Stereotype bei Farben und Themenangebot wirkten wie aus der Zeit gefallen. Die Anzeige von 1981 wurde Symbolbild furioser Kritik. Als hätte LEGO geahnt, dass *Friends* nicht optimal aufgenommen werden würde, erklärten die Billunder ausführlich, wie sie die Themenreihe entwickelt hatten: Die Marktforschung stellte fest, dass nur zehn Prozent aller Sets für Mädchen gekauft wurden. Tatsächlich ging damit eine ziemlich große Zielgruppe verloren. LEGO überprüfte daraufhin in Interviews und Spielszenen, wie Kinder mit den Steinen umgingen und ob es Unterschiede zwischen Jungen und Mädchen gebe. Sie fanden ein paar. Mädchen legten viel Wert auf Details und spielten zum Beispiel lieber in einem Gebäude statt nur davor. Auch Harmonie und Schönheit seien wichtigere Aspekte und Minifiguren hätten in den Augen der Mädchen angeblich keine Gnade gefunden. Spaß am Aufbau hatten grundsätzlich alle Kinder, nur waren die Mädchen eher geneigt, zwischendurch schon eine Pause fürs Rollenspiel einzulegen. Die neue Serie sollte den Erkenntnissen Rechnung tragen. Statt Minifiguren sind *Friends* so genannte Minidolls, nicht mit den Minifiguren kompatibel und weniger beweglich. Statt wilden Abenteuern werden beispielsweise Musikshows, ein Schönheitssalon, Tierärztinnen, und ein Café angeboten und grundsätzlich wird mehr gechillt als etwas aktiv erlebt. Die Sets werden so gepackt, dass schrittweise gebaut und gespielt werden kann. Die Themenwelt wurde trotz der herben Kritik ein Erfolg. Das zeigt, dass Billund im Hinblick auf Mädchen durchaus eine Lücke im Programm hatte. Doch war die Absatzproblematik wirklich die Schuld »konstruktionsunwilliger« Mädchen, die mit »anderem« LEGO nichts anfangen können?

Historisch gesehen ist *Friends* nicht der erste Versuch, Noppensteine stereotyp an Mädchen zu vermarkten. Er ist nur der erste, der auf Grund größerer Sensibilität gegenüber Stereotypen eine so große Öffentlichkeit erhielt. In die Reihe gehören unter anderem spezielle Mädchen-Kataloge, Sets mit vielen vorgefertigten Teilen, viel Rosa und Figuren, die nicht ins LEGO-Universum passten. Eine Tendenz, »Standard-LEGO« und »Mädchen-LEGO« zu trennen, gab es schon zuvor. Der Spieledesigner Dave Pickett zeigt, dass eine Kehrtwende im Marketing nach 2004 die Profilierung verschärfte. Kataloge zeigten gerne Jungen mit ihren Vätern beim Spiel, Mädchen kamen kaum noch vor. Die Minifiguren der Sets besaßen (mit Ausnahme von Sammlerfiguren) entweder neutrale oder eben mehr männlich zu lesende Attribute, wie Bärte oder Kurzhaarfrisuren. Gleichzeitig dokumentieren Forscher über die Grimassen der Figuren, die Zahl der Waffen in den Sets und auch die Katalogbebilderung eine zunehmende Aggressivität der Motive. Eine Heldenkonstruktion, für die man online Namen aus einer vorgegebenen Auswahl vergeben konnte, sah Mädchennamen überhaupt nicht vor und LEGO fiel das erst auf, als Beschwerden eintrudelten. Mindestens unbewusst sendete der Konzern damit klare Signale an jene, die Mädchen beschenken wollten: Nehmt etwas anderes. Die Idee, dass die Bausteine Jungenspielzeug sind, sitzt selbst bei Müttern im Kopf, deren Töchter bei LEGO Roboterwettbewerben die Nase vorn haben, wie Knudstorp über eigene Begegnungen in einem Interview erzählte. Als *Friends* auf den Markt kam, stand es bei einigen Ladenketten nicht bei LEGO, sondern in den Regalen mit spezifischem Mädchenspielzeug.

Was LEGO nicht untersucht hatte, war das eigene Programm, und das war ausgesprochen konsequent an Jungen zwischen 6 und 12 Jahren ausgerichtet worden. Onlineversandhändler labeln infolgedessen so manch ein LEGO-Set mit »Zielgruppe: Jungen«. Die Korrektur wirkt nun wie eine Überkompensation des eigenen Beitrags dazu, dass die Steine nicht als umfassendes Kinderspielzeug wahrgenommen werden. *Friends* ist sogar die am wenigsten paritätisch aufgestellte Reihe überhaupt. Mit der Machart von *Friends* erklärte LEGO die »andere« Spielweise der Mädchen zum Problem, statt sich über eine generelle Ausrichtung Gedanken zu machen. Letztlich läuft es auf eine Separierung der Mädchen vom Rest des Programms hinaus, die ja, sobald sie »Geschmack an LEGO finden«, zu den anderen Sets wechseln könnten. Mit solchen Vorschlägen verstärkte ein Marketingverantwortlicher von LEGO im Interview aktiv das Bild von »richtigem« und »anderem« LEGO. Es gab in der Folge zwei versöhnliche Sets, die beide rasend schnell ausverkauft waren: Das Forschungslabor von 2014 und die NASA-Frauen von 2017. Das erste Set zeigte eine Astronomin, eine Paläontologin und eine Chemikerin. Das zweite stellte Wissenschaftlerinnen in den Vordergrund, die in der NASA Wegbereiterinnen waren, die zwei Astronautinnen Sally Ride und Mae Jamison, die Astronomin Nancy Grace Roman sowie die Computerwissenschaftlerin Margaret Hamilton. Entscheidend ist allerdings, dass die Entwürfe nicht von LEGO selbst stammen, sondern von Konstrukteurinnen, die die Vorschläge erfolgreich bei LEGO *Ideas* eingereicht hatten. Der Geochemikerin Ellen Kooijman und der Wissenschaftsjournalistin Maia Weinstock war der Mangel an weiblichen Figuren und deren stereotype Darstellung verständlicherweise sauer aufgestoßen. Den großen Erfolgen, die die Sets auf dem Markt hatten, ließ LEGO jedoch bisher noch nichts aus eigener Feder folgen.

Die bei Mädchen wertgeschätzten Details und die längst überfälligen Identifikationsfiguren ließen sich durchaus in klassischen Sets unterbringen, zumal einige Dauerbrenner unter eigener Regie laufen und keine Fremdstory unterminieren würden. Die gewünschte Spieltiefe wurde beispielsweise in der aktuellen *City*-Polizeistation nicht abgebildet. Im Prinzip ist das Set ein Potemkinsches Dorf, vergleichsweise flach entworfen und zum Beispiel ohne Garage. Es holt damit, folgt man der Meinung aus Billund, nur Jungeninteressen ab (immerhin spielt auf einem der Werbefotos ein Vater mit seiner Tochter). Viele Mädchen wissen gar nicht, dass es im LEGO-Universum so einige Frauenfiguren gibt, nämlich vor allem bei den Minifiguren. Pickett erzählt, dass diese sich gerade deshalb auf Conventions unglaublich gut verkauften. Letztlich schließen Pink und Polizei, stringenter und portionsweiser Aufbau, Pandarettungsstation und Wildererjagd einander nicht aus. LEGO hat es in der Hand, kommerzielle Interessen mit progressiveren Angeboten auszubalancieren. Die Nachfrage ist sichtlich da und für den eigenen Anspruch, pädagogisch wertvolles Spielzeug herzustellen, lohnt es sich doppelt.

Doch es besteht Hoffnung. Denn in einer Studie von 2020 diktierten 73 Prozent der Eltern den Billundern ins Protokoll, dass soziale Erwartungen der Hauptgrund für Geschlechterstereotypen seien und nicht die Biologie. Eine Kehrtwende der Lesart, die LEGO vor einigen Jahren noch zum Besten gab. Plötzlich stellt LEGO explizit »Fähigkeiten und kreatives Potenzial« von Mädchen und Frauen fest, die sie zur »nächsten Generation großartiger Leaderinnen« machen. Zum 40. Geburtstag des Werbemotivs von 1981 starteten sie am Internationalen Frauentag eine »Future Builders«-Kampagne, mit der die Firma helfen will, Stereotype aufzubrechen. Stereotype, die LEGO im Spielzeugbereich mit aufgebaut hat. 2021 legte LEGO im Pride Month Juni eine weitere Initiative an den Tag: Das Set *Everyone is awesome* repräsentiert mit 11 monochromen Figuren die LGBTQIA+-Community und will damit nachdrücklich für Diversität und Toleranz werben.

Es ist nun an LEGO zu zeigen, dass derlei Initiativen kein reines Marketing sind, sondern dass sich hier, bildlich gesprochen, ein Unternehmen zum Gegensteuern gegen Stereotype einsetzt und anfängt zu rudern.

Die Ära nach Knudstorp

Mit dem Jahreswechsel 2016/2017 übernahm Knudstorp zusammen mit Kjeld Kirk Kristiansen die neu gegründete LEGO Brand Group. Die Idee dieser Firmeneinheit ist es, »unberührtes Potenzial« aufzuspüren mit einem Mann an der Spitze, der in der Vergangenheit ein Händchen für Strategien bewiesen hatte. Ein anderer Ansatz dafür, was Ende der 1990er auf Grund der schieren Masse so schiefgelaufen war, nämlich neue Märkte mit geeigneten Konzepten zu entwickeln. Seine Nachfolge als CEO trat für eine Übergangszeit Bali Padda an, offiziell im Amt so lange, bis man einen geeigneten Kandidaten gefunden habe. Den fand LEGO überraschend schnell im ehemaligen Danfoss-Chef Niels B. Christiansen und im Herbst wechselte der CEO zum zweiten Mal in einem Jahr. Christiansen hat nun mit einem langsamen Wachstum »zu kämpfen«. Die Messlatte liegt hoch bei einem Konzern, der mit Ausnahme weniger Jahre stets der Musterschüler aus der ersten Reihe war. Ein Beispiel: Bei der Bilanzpressekonferenz 2014 berichtete LEGO, damals noch unter Knudstorp, ein Unternehmenswachstum von 10 Prozent in einem sonst kriselnden Markt. Im Vorjahr aber waren es 23 Prozent und die Presse fragte: Warum so wenig dieses Jahr? LEGO, heute mit einem straffen Controlling ausgestattet, reagiert schnell, wenn die Zahlen nicht stimmen. Ein Gewinn- und Umsatzrückgang von wenigen Prozent löste zwischenzeitlich einen Stellenabbau von 1400 Stellen weltweit aus; das waren 2017 etwa 8 Prozent der Belegschaft. Das Unternehmen wirtschaftet geerdeter und gibt sich bescheiden: »Die Zeiten des übernatürlichen Wachstums sind vorbei,« lässt sich Christiansen zitieren. Trends kommen und gehen, Wettbewerber holen auf und in traditionellen Absatzgebieten tritt eine gewisse Sättigung ein. Das trifft nicht nur auf den Baustein und die heimische Ausstattung generell zu, sondern auch auf Lizenzthemen. *Star Wars* zum Beispiel liegt immer noch gut im Rennen, doch ist es nach den vielen Jahren am Markt schwer, Akzente zu setzen. Wieder einmal räumt man im Konzern hinter den Kulissen auf, reduziert überlappende Verantwortlichkeiten und entwirrt komplex gewordene Strukturen. So will LEGO in der neuen Ära dafür sorgen, dass das Unternehmen auch dann auf einer soliden Basis wirtschaftet, wenn Hauptvertriebskanäle wegfallen, wie das beim Konkurs der US-amerikanischen Kette Toys'R'Us 2018 der Fall war. Große Investitionen gab es vor allem in Produktionskapazitäten, die entweder aufgebaut (China) oder stark erweitert wurden. Die Produktionen in Asien, Europa und Amerika folgen grob den Absatzzonen, in die LEGO seine Märkte einteilt. Die Fabriken sollen dabei die Lieferketten vereinfachen, in Asien zudem die leicht verschobene Saisonalität auffangen und nicht zuletzt schnellere Reaktionen auf die Nachfrage ermöglichen. So schnell, dass im Weihnachtsgeschäft nachgeliefert werden kann, wird's nicht, weil der Handelszeitraum viel zu kurz ist, aber für Trends insgesamt reicht es. Dazu intensiviert LEGO seine Rücksprachen mit dem Handel, um Prognosen und Wünsche gut aufzufangen. So passte LEGO zum Auffangen ruhigerer Verkaufsphasen zwischenzeitlich auch einmal die Packungsgrößen an: Kleinere und mittlere Sets verkaufen sich dann besser als große Sets, wenn das Geld bei Eltern nicht ganz so locker sitzt. Das Unternehmen perfektionierte über die Jahre zudem die Auslastung seiner Produktion derart, dass das Verhältnis von Standard- zu Sondersteinen stimmt und keine Engpässe auftreten, wenn's drauf ankommt. Alles in Allem kosten solche Optimierungen Zeit und der Konzern profitiert wahrscheinlich davon, dass er als Familienbetrieb nicht den hektischen Reaktionen des Aktienmarktes ausgesetzt ist, wie das bei anderen Spielwarenkonzernen der Fall ist.

Aktuell sieht es gut aus. China winkt mit jenen zweistelligen Steigerungen, die einst Europa und die USA lieferten. Ausgerechnet die Coronapandemie, die viele Betriebe leiden ließ, löste bei Spielwarenherstellern das Gegenteil aus. Dank Onlinehandel versorgten sich die Familien mit Freizeitlösungen für daheim. LEGO legte eine Umsatzsteigerung hin, obwohl ein Teil der Fabriken zeitweise behördlich geschlossen war. Modelle, die speziell auf China zugeschnitten sind, liefen in der Produktlinie sehr gut an und mit dem neuen Lizenzpartner IKEA startet eine Kooperation, die sich ebenfalls als lukrativ erweisen könnte. Das derzeit gesunde Unternehmen setzt mindestens mittelfristig einen Strich unter eine Geschichte darüber, wie selbst starke Marken stolpern und verlieren können, wenn die Strategien nicht stimmen.

Der Wettbewerb holt auf

Im Jahr 1978 lief das Patent für LEGO-Steine aus. Seither haben die Dänen theoretisch keine Handhabe mehr gegen Hersteller von Bricks, die mit dem LEGO-System vollständig kompatibel und beliebig kombinierbar sind. Doch über Jahrzehnte hinweg schaffte das Unternehmen es, sich Wettbewerber vom Leib zu halten, die sich in das System einklinken wollten. LEGO kämpfte vor allem in Europa erfolgreich gegen jene Firmen, die es versuchen wollten. Das so genannte »Einschieben in eine fremde Serie« wurde vom Bundesgerichtshof erstmals 1963/1964 gestoppt, 1992 ein zweites Mal, weil Mitbewerber auf diese Weise den wirtschaftlichen Erfolg eines anderen Unternehmens in »unlauterer Art« ausnutzen wollten. Zum Geschäftsmodell und Erfolg von LEGO gehöre es, eine kontinuierliche Nachfrage zu erzeugen, und damit sei es legitim, diese auch selbst bedienen zu wollen. Unter Juristen war die Auslegung durchaus umstritten, unter anderem wegen der Entwicklung des Wettbewerbsrechts im Raum der Europäischen Gemeinschaft. Letztlich schuf die Rechtsprechung für das dänische Unternehmen die Basis für eine Monopolstellung, die darauf hinauslief, dass ein einmal etabliertes Produkt unabhängig von regulären Schutzschranken von einer Langzeitsicherung auf dem Markt profitierte. Diese Auslegung des Wettbewerbsrechts erhielt infolgedessen den klangvollen Namen »LEGO-Doktrin« und wurde erst 2004 durch eine Klage von Best-Lock gekippt. Dieses Mal entschied der Bundesgerichtshof anders, denn nach einer »angemessenen Frist« gelte der Schutz vor dem Einschieben nicht mehr. Sagenhafte 26 Jahre nach Auslauf des Patentschutzes befanden die Richter, dass diese »angemessene Frist« nun ganz sicher ein Ende habe. In den USA kam dagegen bereits 1984 der erste namhafte Konkurrent auf den Markt: Tyco und seine Superblocks. Tyco prozessierte erfolgreicher und die Produktion genießt in den USA seit 1987 Rechtssicherheit. Anders lief es nur in Südkorea: Als LEGO in den 1980ern dort eine Produktion eröffnete (die 2005 während der Restrukturierungen wieder geschlossen wurde), gab es bereits einen Anbieter, der sich die ausgelaufene Patente längst zunutze gemacht hatte. Die Kunden fanden die neuen Steine nicht sehr attraktiv, hielten sie doch das dänische Produkt für die Kopie.

LEGOs Idee, die häufigen und damit in einem Set unverzichtbaren 2×2- und 2×4-Steine 1996 als Marke eintragen zu lassen, funktionierte ebenfalls immerhin 14 Jahre lang. Dagegen gingen mehrere Wettbewerber vor, doch erst 2009 bestätigte der Bundesgerichtshof die Löschung der Marke. Das Gericht stellte in seinem Urteil fest, dass sich die Form der Steine nur durch ihre technische Funktion ergebe und damit keinen Markenschutz in Anspruch nehmen könne. Der Europäische Gerichtshof folgte dieser Argumentation in einem Urteil von 2010 nach einer Klage von Mega Bloks (heute Mega Brands Inc.). Erst seit diesem Urteil läuft der Markt für Klemmbausteine aller Art wirklich an, weil die entscheidende Rechtssicherheit für die Herstellung und vor allem den Vertrieb auf dem wichtigen europäischen Markt gegeben war.

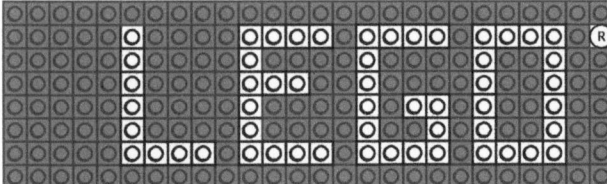

LEGO®

Zahlen & Fakten & Funfacts

Mit 500 Millionen pro Jahr hergestellten Reifen ist LEGO® der größte Reifenhersteller der Welt

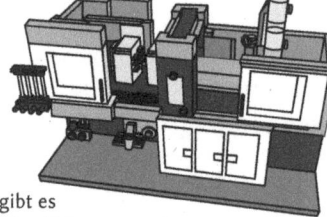

ca. 55%
des Sortiments
wechselt jedes Jahr

Weltweit gibt es
5 Produktionsstätten:

Billund (DK), Jiaxing (CN), Kladno (CZ), Monterrey (MX),
Nyíregyháza (HU)

LEGO® als Wertanlage:
Sets im Originalzustand
legten seit der Jahrtausendwende jedes Jahr um
12 Prozent an Wert zu

Seit ihrer Erfindung wurden über 8000 verschiedene Minifiguren entwickelt. Es gibt über 650 unterschiedliche Gesichter. Der Vorläufer der heutigen Minifigur kam 1975 auf den Markt

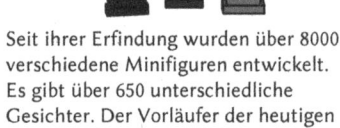

100 LEGO®-Steine
besitzt jeder Mensch
durchschnittlich

Ein durchschnittlicher
2x2-Stein wiegt 1,152 g

Größter LEGO®-Store
der Welt: Shanghai
Disneytown (994 m²)

40 Milliarden

Steine produziert LEGO® in
Billund pro Jahr. Aufeinander-
gestapelt würden diese bis zum
Mond reichen

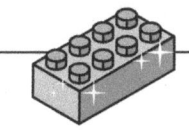

Als teuerster Stein der
Welt gilt ein 2x4-Stein für
18 498 Euro, bestehend
aus 14-karätigem Gold.

Solche Steine wurden zwischen
1979 und 1981 an Mitarbeiter für
die 25-jährige Unternehmensmit-
gliedschaft sowie an Geschäfts-
partner vergeben. Vermutlich sind
lediglich 10 dieser Steine im
Umlauf

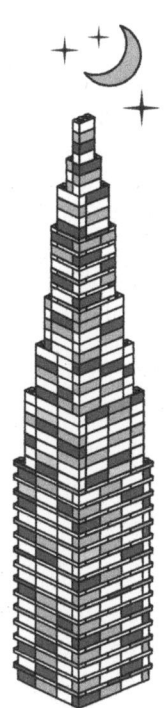

Beliebte Bausteine

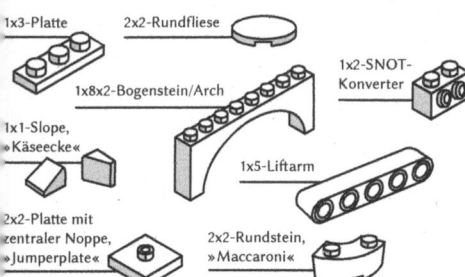

1x3-Platte   2x2-Rundfliese

1x8x2-Bogenstein/Arch

1x2-SNOT-
Konverter

1x1-Slope,
»Käseecke«

1x5-Liftarm

2x2-Platte mit
zentraler Noppe,
»Jumperplate«

2x2-Rundstein,
»Maccaroni«

3700

versch. Elemente
gibt es aktuell. Im
aktiven Gebrauch
sind über 50 Farben

Ein LEGO-Element, das heute noch geschützt ist, fällt entweder unter die Kategorie Markenzeichen, das gilt, so lange ein Produkt läuft, oder in die Kategorie Designschutz, die nach maximal 25 Jahren ausläuft. Als Marke gilt zum Beispiel die LEGO-Minifigur. Sämtliche Alternativen müssen signifikante Designänderungen aufweisen, damit Sets mit Figuren angeboten werden können (zumindest gilt das für die EU und die USA; in anderen Teilen der Welt können Wettbewerber mit Figuren arbeiten, die nah am Original sind). Unter Designschutz stellt LEGO seit 1996 neue Steineentwicklungen, darunter Jumperplates (Platten mit mittigen Noppen außerhalb des Rasters), Dachfenster oder das Piratenfernrohr, sowie Elemente aus LEGO *Technic*, Platten mit Sonderformen und SNOT-Konverter (Steine, mit denen sich die Baurichtung ändern lässt). Je nach Anmeldedatum läuft der Schutz vieler dieser genannten Steine erst in den 2030er Jahren aus. Es gibt die Möglichkeit, einen solchen Eintrag anzufechten über den Nachweis, dass ein Design eine zu geringe Schöpfungshöhe für ein Schutzbegehren hat. Doch Verfahren kosten Zeit und Geld und viele Anbieter gehen deshalb einen kostengünstigeren und weniger nervenaufreibenden Weg. Sie verändern kurzerhand das Aussehen ihrer Steine etwas. Jumperplates weisen dann zum Beispiel Löcher in allen vier Ecken auf, Teiletrenner erhalten Tierformen und Hohlräume zwischen den Funktionslöchern in LEGO *Technic*-Liftarmen werden kurzerhand gefüllt.

Die Kontrolle von Designschutz und Markenrecht verfolgt LEGO mit viel Energie. Zugleich betreiben Juristen aus Billund sogenanntes »seriöses Lobbying« und arbeiten regelmäßig bei Spielwaren- und Markenrecht-orientierten Organisationen sowie in wichtigen EU-Kommissionen und Arbeitsgruppen in Brüssel mit. Über das Grenzbeschlagnahmeverfahren, das LEGO beantragt hat, behält der Zoll Einfuhren von Privatkunden und Handel zurück, in denen er fremde Klemmbausteine vermutet – unabhängig davon, ob das betreffende Set tatsächlich ein bestehendes Recht verletzt oder nicht. Der Empfänger wird dann zur Prüfung zum Zoll gebeten. Viele stimmen einer sofortigen Vernichtung der Klemmbausteine zu, denn juristische Sachverhalte klingen erst einmal abschreckend. Deutlich weniger Käufer machen von dem Recht Gebrauch, sich erklären zu lassen, ob ihr Set tatsächlich den Design- oder Markenschutz von LEGO verletzt. Diese Beurteilung übernehmen nicht die Zollbeamten, sondern spezialisierte Anwälte, die über entsprechende Unterlagen verfügen. Enthält das Set tatsächlich einen geschützten Stein, kann man es im Anschluss immer noch vernichten lassen. Ist es nicht der Fall, würde man auf einen legalen Kauf ohne Not verzichten. Doch unbekanntes juristisches Terrain und eine auf den Laien leicht bedrohlich wirkende Kulisse wie diese helfen LEGO freilich, den europäischen Markt wettbewerbsarm zu halten.

Medien wie Klötzchenbauer stellen oft fest, dass viele Menschen von regulär erhältlichen Wettbewerbsprodukten noch nie etwas gehört haben. Dabei bieten mehr als zwei Dutzend Firmen hierzulande kompatible Steine an, darunter Hersteller aus Italien, Kanada, Südkorea, Polen oder Japan und viele aus China. Nur muss man sie suchen, denn die Spielzeugregale der großen Handelskette werden von Produkten des Platzhirschs bestückt. Viele, vor allem der asiatischen, Anbieter starteten als reine Copycats mit Nachbauten originaler Sets, stahlen also Ideen und plagiierten. Bis heute sind diese nicht ausgestorben und bedienen sich sowohl bei LEGO als auch bei Eigenkreationen von MOC-Enthusiasten (MOC steht für *My Own Creation*) ohne mit der Wimper zu zucken. In den Anfängen waren sie keineswegs so gut wie das Original. Die Konstruktionen zerfielen oft »beim Dastehen«, wie es ein Tester der ersten Stunde formulierte. Mittlerweile haben einige Hersteller eine steile Lernkurve an den Tag gelegt. Nicht zuletzt müssen sie das, wenn sie den europäischen Markt erfolgreich bedienen wollen. Händler, die solche Anbieter importieren und seit Jahren beobachten, sind sich sicher: Die Klemmkraft wird immer besser und erreicht teils das LEGO-Niveau, die Modellserien werden eigenständiger. Probleme wie Farbtreue sind nicht immer gelöst (es gibt durchaus aktuelle Sets, bei denen auch LEGO damit Schwierigkeiten hat). Umgekehrt gibt es Firmen, die marmorierte Elemente anbieten und solche, die Platten mit Noppen oben und unten entwickelt haben. Eine SNOT-Idee, die LEGO selbst nicht auf dem Markt hatte. Wer sich umschaut, findet asiatische Architektur-Serien, diverse Lizenzprodukte oder fernsteuerbare Technikmodelle. Andere Anbieter greifen auf Motive zurück, die LEGO nicht ins Programm nehmen würde. Erstaunlicherweise laufen Sets, die Panzer oder Kampfflugzeuge aus dem Zweiten Weltkrieg nachbauen, bei einigen Herstellern so gut, dass sie kaum noch kindgerechte Angebote im Sortiment haben. Der zentrale Punkt, an dem die Dänen am verwundbarsten sind, ist der Preis und der dürfte für so einige Eltern eine Rolle spielen. Bei einem ABS-Materialpreis von durchschnittlich 1,30 Euro pro Kilogramm bleibt den Herstellern mit Blick auf die Preisgestaltung einiges an Spielraum.

Ironischerweise ist ausgerechnet der LEGO-Stein, für den sich seine Hersteller so vehement gegen Nachahmer ins Feld werfen, selbst eine Kopie. Die Idee des Bauklotzes, der mit Hilfe einer hohlen Unterseite und einer genoppten Oberseite stabiler verbunden werden kann, stammt (zumindest was Europa angeht) vom englischen Spielwarenentwickler Hilary Fisher Page (1904–1957). Page gründete die Firmen Kiddicraft und British Plastic Toys. Er experimentierte in den 1930er Jahren viel mit Spielzeug aus Plastik. Kinder konnten davon keine Lackschichten abknabbern und abwaschbar war es obendrein. Über British Plastic Toys vertrieb er ab 1939 »Interlocking Building Cubes« aus Kunststoff, eine Eigenentwicklung, die er im gleichen Jahr für das Vereinigte Königreich patentieren ließ.

Die ursprüngliche Form bildete die üblichen kubischen Holzklötze nach, nur eben mit Noppen. Nach einer kriegsbedingten Produktionspause nahm Page 1947 die Fertigung seiner inzwischen verbesserten Bausteine unter der Marke Kiddicraft wieder auf. Die aktualisierte Form zeigte jene Optik, die heute bekannt ist: Etwas flacher, etwas schmaler und mit dem Look eines »Ziegelsteins aus Kunststoff«. Für diese so genannten »Self-Locking Building Bricks« gab es bis 1952 noch weitere drei Patente. Auch aus den USA und England selbst sind Bausteinvarianten bekannt, die noch früher entwickelt worden waren und aus Gummi, gepresstem Holz und eben auch Plastik gefertigt wurden. Inwieweit deren Hersteller die Produkte der jeweils anderen kannten, lässt sich allerdings kaum sicher feststellen. Nur für den Fall LEGO lässt sich die Geschichte genauer rekonstruieren.

Godtfred bekam das Page-Design offenbar auf einer Maschinenmesse in Kopenhagen zu Gesicht, überreicht von Vertretern jener Firma, bei der Ole die Spritzgießmaschine kaufte. Das Design, das Christiansen für seine ersten Steine entwarf, orientierte sich nahezu vollständig an den britischen Vorbildern. Wirklich signifikante Änderungen ergab erst die später patentierte Röhrenkonstruktion auf der Steinunterseite. Doch das grundlegende Konzept, das dieses Patent möglich machte, stammt nicht aus Billund. Bekannt wurde die Geschichte Ende der 1980er Jahre während eines Copyright-Streits gegen Tyco in Hong Kong. Godtfred gab dort an, dass er das originale Design von Page übernommen hatte. LEGO verlor seinen Prozess daraufhin, weil der Richter das ursprüngliche Page-Design in das Urteil einbeziehen musste. Erst in den 1990ern erwähnte LEGO selbst die Herkunftsgeschichte erstmals öffentlich.

Pages Witwe Oreline führte Kiddicraft nach dem Suizid ihres Mannes 1957 mit dessen Geschäftspartnern weiter, bevor sie es 1977 an die Hestair-Firmengruppe verkaufte. LEGO sicherte sich kurz darauf alle Rechte der Kiddicraft-Entwürfe, zu denen die Klemmbausteine gehören. Oreline und ihre Töchter waren stets überzeugt davon, dass Page bis zu seinem Tod nichts von den dänischen Steinen wusste.

Die letzte Bastion

Nachdem sich spezifisches Steinedesign zwar einzeln schützen lässt, findige Wettbewerber Entwürfe in der Regel aber recht einfach umgehen können, bleibt LEGO vorrangig ein Element übrig, mit dem ein Alleinstellungsmerkmal auf dem Markt möglich ist. Die Rede ist von der ikonischen Minifigur.

Hilary Fisher Pages »Kiddicraft Self-Locking Building Bricks«, die Ende der 1940er Jahre als frühe Vorfahren der heutigen Klemmbausteine auf den Markt kamen

Allen Wettbewerbern ist klar, dass Figuren ein elementarer Bestandteil der Sets sind, damit sie von Kindern bespielt werden können und die nötige Prise Realität ins Modell bringen. Umso mehr ist die Figur Zankapfel und wird es wohl noch eine Weile bleiben. Das Patent der LEGO-Minifiguren lief 1998 aus und zwei Jahre später ließ sich der dänische Hersteller die 3D-Darstellung mit und ohne Noppe auf dem Kopf EU-weit schützen. Diese so genannte 3D-Marke griff der Wettbewerb umgehend an, als durch das Steine-Urteil von 2010 eine Chance auf eine vergleichbare Entscheidung aufschien. Die Argumentation, dass die Form wesentlich der technischen Funktion geschuldet sei, wollten die Richter am Europäischen Gerichtshof bei der Figur bisher allerdings nicht folgen. Hier sei die menschliche Wirkung wichtiger. Seit 2015 steht dieses Urteil und sorgt dafür, dass sämtliche alternativen Figuren gezielt anders gestaltet werden müssen oder Sets mit Figuren für den deutschen Markt umgepackt werden. Eine Ausnahme in Europa bildet das Schweizer Recht, das solch eine 3D-Marke nicht kennt.

Doch wie weit muss ein Designer gehen, damit »anders« anders genug ist? Einige Designs unterscheiden sich mit funktional anderen Schultergelenken oder natürlicheren Fuß- und Kopfformen inzwischen deutlich vom Original, nach Auffassung von LEGO allerdings nicht deutlich genug. Solange die 3D-Marke grundsätzlich nicht zur Diskussion steht, bleibt nur die Möglichkeit, sich über alternative Figuren ausreichend Gedanken zu machen (teilweise in außergerichtlicher Einigung mit LEGO) und aktuellere Urteile abzuwarten. Gleichzeitig bietet die Figur eine Chance, dem eigenen Angebot sprichwörtlich ein eigenes Gesicht zu verpassen.

So sehr die Geschichte der LEGO-Steine von Inspirationen, Kopien und Plagiaten begleitet war und ist, schafften die Dänen zumindest Eines, nämlich den Stein zu dem zu machen, was er heute ist. Nach mehr als 60 Jahren auf dem Markt, ab der Patenteinreichung gerechnet, kennt jeder das Produkt und es gilt unter Marketingexperten als Musterbeispiel eines »Lovebrand«. Zum Leidwesen von LEGO verbreitet sich der Gebrauch der Wörter »LEGO« oder »LEGO-Stein« allerdings längst als Bezeichnung für Noppensteine aller Art. Auch eine flapsige Mehrzahl wie »LEGOs« löst Entsetzen in Billund aus. Sind die Wörter nun Gattungsbegriffe oder nicht? Die Situation ist eine Folge davon, dass ein patent- und/oder markenrechtlich geschütztes Produkt ohne Konkurrenz auf den Markt kam und Kunden über einen langen Zeitraum hinweg geprägt hat. Kommen später Wettbewerber auf den Markt, steht ein Monopolist schnell stellvertretend für eine ganze Gattung von Produkten ein (siehe Tesa, Knirps, Tempo oder Edding). Manchmal werden selbst Verben abgeleitet (siehe flexen oder kärchern). Die Dänen verteidigen ihren Markennamen nun aber vehement und wer den Begriff öffentlich nicht von Steinen anderer Produzenten trennt, bekommt Post vom Anwalt. Aus Sicht von LEGO würde die muntere umgangssprachliche Mischung langfristig tatsächlich eine Schwächung der eigenen Marke bedeuten und daher widmen sie ihren Korrekturbemühungen viel Energie. Das juristisch schwere Geschütz gegenüber dem Handel, wie die pauschale Beschlagnahmung von Klemmbaustein-Importen beim Zoll, verspielt allerdings Verständnis und Sympathien bei vielen Endkunden. Obendrein lösen die juristischen Scharmützel durch die großen Resonanzräume unter anderem in den sozialen Medien einen kräftigen Streisand-Effekt aus, den LEGO so wohl nicht einkalkuliert hatte. Immer mehr Menschen bekommen nun erst recht mit, dass es Wettbewerbsprodukte gibt. Es wird spannend zu verfolgen sein, wie sich die Marken in den kommenden Jahren entwickeln. Noch vor wenigen Jahren zeigte sich LEGO entspannter und gab zu Protokoll: »Wir machen uns weniger Gedanken zur Konkurrenz. Und sind wir ehrlich: Neue Wettbewerber stärken die gesamte Spielwarenbranche – und das ist auch gut so.«

Raus aus dem Kinderzimmer –
LEGO® für Erwachsene

Für den Erfolg LEGOs ist die Bedeutung der erwachsenen Fans kaum zu überschätzen. Sie sind insofern eine wichtige Zielgruppe, als dass sie vom Kauf der Bausteine für ihre Kinder überzeugt sein müssen. Als »Markenbotschafter« wirken sie dann am besten, wenn sie selbst schon mit den Klötzchen groß geworden sind und ihre nostalgische Begeisterung weitergeben. Doch die Kreativität, die die Firma mit ihren Steinen bei den Kindern auslösen möchte, um die »Konstrukteure von morgen« zu fördern, wurde auf unvorhersehbare Weise Realität: Erwachsene kaufen LEGO für sich selbst ein. Sie sind oft ebenjene Kinder, die früher schon in Fülle mit Noppensteinen versorgt worden sind. Längst nicht alle aus dieser Käuferschicht sind selbst Eltern. Lange hatte LEGO nicht realisiert, wie viele erwachsene Nutzer es gab. Die paar, von denen man wusste, galten eher als bizarre Randerscheinung und die einzigen, die man ernst nahm, waren Architekten. Für sie gab es ab 1963 die spezielle Bausteinreihe Modulex einer eigens gegründeten gleichnamigen Firma für professionelle Häuser- und Stadtmodelle. Modulex hielt sich allerdings nur 10 Jahre, da sich Aufwand und Designmöglichkeiten für die Architekten auf Dauer nicht lohnten.

Die Szene der »Adult Fans of LEGO«, kurz AFOL, wie wir sie heute kennen, nahm ihren Anfang in den 1990ern. Vor allem drei Entwicklungen waren dafür verantwortlich. Das war zum einen die Lizenzvereinbarung für *Star Wars*, die die Prequel-Trilogie begleitete und zugleich nostalgische Fans der ersten Filme ansprach. Zum anderen war das *Mindstorms*, eine Robotik-Serie, die Technik-Fans anlockte. Zum Dritten bot das Internet die Möglichkeit, sich auf eine Art untereinander zu vernetzen, wie es zuvor nicht möglich gewesen war. Unabhängig von LEGO entwickelte sich dort eine Szene, in der inklusive selbst geschriebener Bauanleitungen alles Erdenkliche ausgetauscht wurde, was mit Bricks zu tun hatte. Es heißt, die Zahl der erwachsenen Fans in dieser Zeit sei etwa 600 gewesen, ein Jahrzehnt später rund 12 000. Es ist schwer zu sagen, ob die Zahl tatsächlich so massiv gewachsen war oder ob man mangels Vernetzung einfach keinen Überblick über die früheren Zahlen hat. LEGO selbst kam mit einer offiziellen Präsenz 1996 ins Netz, damals mit 28 HTML-Seiten. Die Firma bot einen »Surfer Club« an, der schnell Zehntausende Mitglieder weltweit verband. Zwei Jahre später listete eine Suche nach »LEGO« bereits mehr als 178 000 Websites auf.

Streng genommen wollte man in Billund nichts von den Fans wissen, weder von den Kleinen noch den Großen. Ein früherer Mitarbeiter bringt die damalige Einstellung so auf den Punkt: »Wir akzeptieren keine unerwünschten Ratschläge.« LEGO betrachtete die großen Handelsketten als Kunden und nicht die Familien. Der Groschen fiel erst während der Krise, pfennigweise, aber dafür umso nachhaltiger. Einer der Schlüsselmomente geht auf die Markteinführung von *Mindstorms* 1998 zurück. Das Set umfasste neben zahlreichen Bausteinen Motoren und Sensoren, insbesondere aber den programmierbaren Microcontrollerbaustein RCX mit einer eigenen Software. Die Firma stellte überrascht fest, dass zwei Drittel aller Käufer erwachsen waren, was sicher nicht nur am hohen Preis lag. Der RCX-Code tauchte rasend schnell im Netz auf, wo er diskutiert, kopiert und umgeschrieben wurde. Die Rechtsabteilung in Billund hatte schlaflose Nächte, doch zum ersten Mal durften sie keine Abmahnungen schreiben. LEGO öffnete stattdessen ein eigenes Forum und band damit die hauseigenen Programmierer in die Gespräche und Optimierungen ein. Die intensive Zusammenarbeit zog zusätzliche Interessenten an, sodass LEGO in wenigen Monaten weltweit rund 80 000 Sets verkaufte. Viele davon an Leute, die LEGO selbst andernfalls nie erreicht hätte. Als LEGO später in der Krise steckte, wurde das Produkt kaum noch beworben, doch es verkaufte sich recht gut. Das Unternehmen spürte, dass eine bisher nur schleppend verfolgte Weiterentwicklung wirtschaftlich lohnend sein dürfte. Aus den Erfahrungen der Markteinführung heraus setzte LEGO die Zusammenarbeit mit den Fans fort und lud einige Cracks für die Entwicklung der neuen Robotergeneration ein. Damit sicherten sie sich einen direkten Draht in jene Community, die den Erfolg des Produkts getragen hatte. Ein Kooperationsansatz, den LEGO nicht oft verfolgte, der aber bei kritischen Entwicklungen einen Schiffbruch zu vermeiden half. Als eine neue Zugreihe heftige Beschwerden nach sich zog, setzte die Firma erneut auf freiwillige Externe, die ein markttauglicheres System auf den Weg brachten als das, was Billund zuerst verkaufen wollte.

Einen weiteren Meilenstein setzte die Führungsebene, als sie 2005 erstmals auf einer von Fans organisierten Convention auftauchte und sich intensiv mit den Fans austauschte. Der Besuch von Knudstorp und Kristiansen half damals, den Konzern neu auszurichten. Das Feedback machte deutlich, dass einzig die Kreativität und das Bauerlebnis interessant an den Steinen waren. Die Fans zeigten sich richtiggehend verärgert darüber, dass LEGO die Marke mit vielen vorgefertigten Formen, die nicht mehr zum Rest der Steine passten, und untypischen Produkten verwässert hatte. LEGO merkte, dass »da draußen« zahlreiche Menschen mit einer »LEGO-DNA« existierten, die das Unternehmen selbst suchte. Fans entwarfen Modelle, deren Qualität die Designer in Billund überraschte. Sie hatten so abgeschottet gearbeitet, dass sie sich über den Enthusiasmus und den Lernwillen der Fans nicht im Klaren waren. Doch weiß man aus einer früheren Studie, dass der auf 5 bis 10 Prozent geschätzte Marktanteil der Erwachsenen gut und gerne eine bis zu 20-fache Gewinnspanne im Vergleich zu Familien mit Kindern einbringt. AFOL zeigen also nicht nur eine große Kreativität, sie sind auch aus wirtschaftlicher Sicht eine sehr interessante Zielgruppe. Das spiegelt sich in der heutigen Kommunikation wider. Zahlreiche Fans betreiben teils sehr hochwertige Blogs, Magazine oder YouTube-Kanäle. Einen Teil davon schließt LEGO an sein weltweites Botschafternetzwerk an und verteilt die Anerkennung als »offizielles Fanmedium«. Die ehrenamtliche gestalterische und redaktionelle Arbeit, die in diesen Medien steckt, ist nicht nur für die Fans unbezahlbar. Auch für LEGO. Obgleich es manchmal anstrengend werden kann, wie Knudstorp einmal erzählte. Eine Debatte über die Farbänderung eines Grautons zog sich monatelang hin, weil die Fans nicht mit der Entscheidung für eine andere Schattierung einverstanden waren.

Die erwachsenen Bastler entwickelten sich zur größten Entwicklungsabteilung, die LEGO je hatte. Erste Gehversuche unternahmen die Dänen mit der Designsoftware *Digital Desi-*

gner, mit der Fans Modelle erstellen und Bilder davon auf der Website *LEGO Factory* (später *LEGO Design byMe*) hochladen konnten. Die Seite ging über die reine Präsentation hinaus. Wer wollte, konnte sein Design als maßgeschneidertes Set erwerben und es stand grundsätzlich auch allen anderen zum Kauf zur Verfügung. Finanziell trug diese eigentlich brillante Idee leider nicht. Der hohe Aufwand in der Zusammenstellung der individuellen Sets machte das Projekt für Kunden zu teuer, sodass die Seite Jahre später eingestellt wurde. Parallel ging LEGO einen noch wichtigeren Schritt zur Einbindung seiner Fans. Unter den MOC-Bauern fiel ihnen der US-Amerikaner Daniel Siskind auf, dessen Design für eine mittelalterliche Schmiede sich über seine private Website ziemlich gut verkaufte. Billund nahm Kontakt mit Siskind auf, weil die Schmiede gut zu ihrem Burgenthema passte, erwarb die Lizenz und brachte 2002 erstmals in der Firmengeschichte ein Fan-Set auf den Markt.

All diese Feedback-Schritte mündeten in die Plattform LEGO *Cuusoo* (seit 2014 LEGO *Ideas*), die LEGO 2008 startete. Hier bewerben sich Konstrukteure mit eigenen Entwürfen für Sets, die von LEGO offiziell produziert werden. Sammelt ein Konzept innerhalb einer gewissen Frist ausreichend Stimmen, prüft LEGO, ob eine Serienproduktion machbar ist. Zwischen 2011 (mit dem nur in Japan erhältlichen U-Boot-Set Shinkai) und 2020 erschienen 32 offizielle LEGO-Sets, die auf Fan-Entwürfe zurückgehen. Kommt ein Set auf den Markt, entlohnt der Konzern den Entwickler mit einem Prozent an den Umsatzerlösen. LEGO *Ideas* funktioniert zugleich als Sensor für neue Lizenzen. Was hier gut ankommt, verspricht auch außerhalb der Plattform guten Absatz. Die *Minecraft*-Serie geht zum Beispiel auf die hohe Resonanz bei LEGO *Ideas* zurück. Bei den

Nutzern von LEGO *Ideas* geriet die Keimzelle des Projekts übrigens nicht in Vergessenheit: Die mittelalterliche Schmiede gibt es dank eines Fans inzwischen in einer Neuauflage, die das Design von damals in die aktuellen Bautechniken und eine modernere Optik übersetzt.

Erwachsene verwenden die Sets typischerweise anders als Kinder: Sie fungieren entweder als Ausgangsmaterial für eigene Kreationen oder landen als Schaustücke im Regal und werden nicht bespielt. Es lohnt sich, dafür eigene Serien auf den Markt zu bringen. Eine davon ist LEGO *Architecture*. Hinter der Idee steckt der Architekt Adam Reed Tucker aus Chicago, der sich auf große Modelle bekannter Bauwerke spezialisierte. Auf einer Convention begeisterte er damit zufällig einen LEGO-Verantwortlichen, der auf der Suche nach neuen Konzepten war. Dieser überzeugte Tucker, seine Entwürfe auf ein handlicheres Format zu verkleinern, sodass sie sich für den Einzelhandel eigneten. Passend zu Chicago entschieden sie sich für einen recht hemdsärmeligen Probelauf mit dem Willis Tower (damals Sears Tower): LEGO lieferte einen Haufen Steine und Kartons, Tucker sortierte und packte die Sets in seiner Garage und fuhr die fertigen Produkte Ende 2007 persönlich zu einer Geschenkartikelkette. Und siehe da, der Versuchsballon war ein voller Erfolg. Erweiterte Versuche zeigten LEGO, dass sich mit Architektur neue Vertriebskanäle wie Museumsshops oder Souvenirläden erreichen ließen. Die Serie war im Vergleich zu Kindersets mit der gleichen Steinezahl deutlich teurer, doch sie verkaufte sich bestens – sogar an Menschen, die noch nie zuvor LEGO gekauft hatten. Mit Modular Buildings, die zur Themenreihe LEGO *Creator Expert* gehören, schuf LEGO eine weitere anspruchsvollere Architekturreihe. Die Etagen der einzelnen Gebäude lassen sich öffnen und einzeln präsentieren oder bespielen und mehrere Sets können über Steckverbindungen zu ganzen Straßenzügen miteinander verbunden werden.

Technic-Modelle stehen in ihrer Beliebtheit nicht nach: 2010 verkaufte LEGO alleine in Mitteleuropa 8000 ferngesteuerte Raupenbagger innerhalb von nur zwei Wochen. Die größten Sets der *Technic*-Serie sind inzwischen bei 4000 Teilen angelangt und der Anteil von Sets mit Altersangaben ab 16 oder 18 Jahre festigt sich im Sortiment nicht nur, er erweitert sich deutlich. Seit 2010 verdreifachte sich die Zahl der Sets für erwachsene Fans. Ein angepasstes Verpackungsdesign für die Zielgruppe und zusätzliche Informationen zu den Motiven tun ihr Übriges, um die Käufer bei Laune zu halten. Mit dem derzeit größten Set mit mehr als 11 000 Teilen ist wohl nicht das letzte Wort gesprochen.

Freiheiten einschränken – Freiheiten gewinnen

Abseits der Bauanleitungen entwickeln LEGO-Steine ein unglaublich facettenreiches Eigenleben. Ich lehne mich nicht zu weit aus dem Fenster, wenn ich sage, es gibt praktisch nichts, was nicht schon einmal aus LEGO-Steinen erbaut wurde. Modellbau aus LEGO ist zu einer wahrhaftigen Kunstform geworden. Auf den ersten Blick lässt das Bauen mit Bricks massive Einschränkungen vermuten. Zwar kann man Fehler einerseits schnell korrigieren und ist damit weitaus besser dran als bei anderen Modellbaumaterialien. Doch andererseits muss jede gewünschte Gestalt mit unveränderlichen Formen nachgebildet werden: Rechtwinklige Steine mit festgelegten Längen und Höhen, Schrägsteine mit einer beschränkten Auswahl an

Winkeln usw. Die Farbauswahl ist groß, doch nicht vollständig frei anpassbar. Baulich gesehen zwingen Konstruktionsbausteine also zu Kompromissen. Andererseits sorgen eben diese Einschränkungen für überraschend viel Freiheit bei der Gestaltung. Gerade weil die Farben knallig sind, gerade weil die Steine keinen besonderen Detailreichtum zulassen, gerade weil Formen nicht perfekt wiedergegeben werden können, erwartet auch niemand die präzise Wiedergabe der Wirklichkeit, wenn er auf ein LEGO-Modell trifft. Oft genügen bewusst gewählte Andeutungen und der Betrachter kann bei Häusern Baustile unterschieden und bei Autos einzelne Modellreihen. Schaut man genauer hin, entdeckt man bei Fassadendekorationen entfremdete Croissants und bei Balkonbrüstungen Kelche. Zaunelemente ergeben wunderbare Gitterfenster und wer einen glatten Boden benötigt, legt seine Steine einfach auf die Seite. Unter den MOC-Bauern nennen sich diese Kniffe »nice part usage«. Die Variationen und Einfälle wachsen ins Unendliche, wenn sich die Konstrukteure von griffigen Modellbauregeln nicht nur lösen möchten, sondern geradezu lösen müssen. Besonders raffinierte Konstruktionslösungen honoriert die Community, indem sie manche davon nach ihren Erfindern benennt.

Wer sich umschaut, stellt fest: Das LEGO-Universum ist gerade deshalb weitaus reichhaltiger und phantasievoller mit Eigenkreationen gespickt als viele andere Modellbauwelten. Auf Ausstellungen treffen Städte im Mikromaßstab auf meterlange Schiffe, Science-Fiction-Dioramen auf detailverliebte Straßenzüge, Wüstenszenen auf Fantasy-Welten. Durch die Straßen läuft Batman und auf dem Balkon steht ein Zombie. Hier ist eben nicht ein einzelnes, isoliertes Thema die übergeordnete Klammer einer Ausstellung, sondern grundsätzlich

Die zehn größten Sets

- ◆ 11 695 Teile   Weltkarte (31203), *LEGO Art*, 2021
- ◆ 10 001 Teile   Eiffelturm (10307), *Creator Expert*, 2022
- ◆   9090 Teile   Titanic (10294), *Creator Expert*, 2021
- ◆   9036 Teile   Kolosseum (10276), *Creator Expert*, 2020
- ◆   7541 Teile   Millennium Falcon (75192), *Star Wars*, 2017
- ◆   6785 Teile   AT-AT (75313), *Star Wars*, 2021
- ◆   6187 Teile   Razor Quest (75331), *Star Wars*, 2022
- ◆   6167 Teile   Bruchtal (10316), *Der Herr der Ringe*, 2023
- ◆   6163 Teile   Die Märkte von Ninjago City (71799), *Ninjago*, 2023
- ◆   6020 Teile   Schloss Hogwarts (71043), *Harry Potter*, 2018

alles, was mit den Bausteinen möglich ist. Und das ist unglaublich viel und es ist teils verflixt aufwendig, selbst, wenn man sich von speziellen CAD-Programmen helfen lässt. Besonders spannend sind Modelle, die sogar daran zweifeln lassen, ob man wirklich LEGO vor sich hat, und für die Experten aus der Baustein-Ästhetik kunstvoll ausbrechen konnten.

Es gibt sogar Künstler, deren Exponate so komplex sind, dass sie gar nicht transportiert werden können. Sie halten ihre Werke auf Fotografien fest und die meisten davon werden Stück für Stück wieder auseinandergenommen und für ein neues Kunstwerk in die Kisten zurück sortiert – ein Schritt, der mich als bloße Zuschauerin bei einigen Kunstwerken alleine gedanklich schon sehr schmerzt. Apropos Sortieren: Das ist eine Kunst für sich und jeder MOC-Bauer hat ein eigenes System aus Kisten, Schubladen und Sortierlogik entwickelt. Nur bei einem Anfängertipp sind sich alle einig, nämlich bloß nicht unterschiedliche

Steinetypen ein und derselben Farbe zusammenwerfen. Lieber zuerst nach Steinetypen sortieren und später, wenn es sich wegen der Menge lohnt, nach Farben verfeinern.

Die AFOL-Konstrukteure bewegen sich zwischen Puristentum und flexiblen Konstruktionen. Klebstoff ist verpönt, die Bearbeitung von Steinen ebenfalls. Das reicht vom Lackieren über das Anbohren bis zum Zurechtsägen. Auch der Einsatz von Fremdmaterial ist umstritten. Damit ist beileibe nicht nur der Verzicht auf Steine der Wettbewerber gemeint. Das kann bei Puristen auch für Textilien oder Schnüre gelten. Insgesamt konzentrieren sich die meisten MOC-Bauer auf LEGO. Doch inzwischen finden sich bei einigen Bauwerken Steinetypen, die nicht aus Billund stammen und die bestimmte Konstruktionen erleichtern. Eigentlich ein vertretbarer Schritt, leben in der Fremdteilnutzung doch zwei immanente Elemente des Grundkonzepts weiter: eine Erweiterung des Systems und das Fortschreiben der Kreativität.

Ein MOC an sich ist im Grunde bereits ein Kunstwerk und doch gibt es auch hier Abstufungen. Gelegentlich findet beispielsweise ein Werk aus LEGO-Steinen den Weg in eine Galerie als »Bildhauerei« und aus einer kunterbunten Skulptur wird »entschlossene Farbigkeit«. Am bekanntesten auch unter weniger eingefleischten Fans ist der US-Amerikaner Nathan Sawaya, dessen Skulpturen gar auf einer weltumspannenden Wanderausstellung namens *The Art of the Brick* unterwegs waren. Überhaupt geben sich Kunst und Noppensteine mühelos die Klinke in die Hand. Spraymotive von Banksy entwickelte der Kanadier Jeff Friesen als kleine 3D-Installationen weiter und von Leonardo da Vinci bis Andy Warhol interpretieren Konstrukteure die Bilder mit den Bausteinen neu. Die Steine sprechen die spielerische Ader in uns an wie kein anderes Material und gleichzeitig zeigen sie, dass sie perfekt in anspruchsvollen Kontexten funktionieren. LEGO ergibt nie eine klare Abbildung der Realität. Jedes Konzept ist überlagert von einer speziellen Ästhetik und einer Spur Popart. Selbst, wenn hunderte unterschiedlicher Menschen an einem Projekt arbeiten. Der isländisch-dänische Künstler Ólafur Elíasson bewies es 2015 mit seinem *Collectivity Project* für das Kunstprogramm der New Yorker High Line: Er stellte einfach zwei Tonnen Noppensteine für alle Besucher bereit. Jeder durfte bauen, wie er wollte, und es entstanden komplexe Gebäude und phantasievolle Gebilde. Als Keimzelle für die »Stadtentwicklung« gab es lediglich eine Handvoll Strukturen, die zuvor von Designern geliefert worden waren. Elíassons Kniff bestand einfach darin, alle Steine in monochromem Weiß zu liefern. Diese Uniformität verlieh der gestalterischen Anarchie schlussendlich den künstlerischen Esprit.

Eine sehr schöne, wenn auch leider sehr seltene Form der LEGO-Kunst ist Dispatchwork, die von Jan Vormann erfunden wurde. Dispatchwork füllt Lücken in Fassaden und Mauerwerk mit Steinen und betont im Gegensatz zur Idee von Elíasson mit knallbunter Farbigkeit ganz bewusst, dass hier nachgeholfen wurde.

LEGO® lernt laufen

Im Universum der Noppensteinchen verbinden sich, wie wir sehen, zwei ganz unterschiedliche Konstruktionswelten und sie scheinen manchmal unvereinbar. LEGO selbst konzentriert sich in seiner Werbung auf Sets, denen per Anleitung eine perfekte Baumöglichkeit zur Seite gestellt wird, weniger auf Boxen

Ólafur Elíassons *Collectivity Project* im New Yorker Highline Park (2015)

mit bunten Mischungen. Abhilfe aus diesem Dilemma schafft die Figur Emmet Brickowski im *LEGO Movie* (2014) und damit quasi abgesegnet von höchster Instanz. Emmet arbeitet als Bauarbeiter in Steinstadt, wo alles sauber nach Anleitung funktioniert. Eines Tages wird er von einer Widerstandsgruppe als Retter rekrutiert. Diese Gruppe sogenannter Meisterbauer lebt im Untergrund, seit die Möglichkeit zur freien Gestaltung massiv vom bösen Lord Business eingeschränkt wurde. Nun soll sogar das Schlimmstmögliche eintreten und die Welt vom Lord vernichtet werden – mit Klebstoff, welch ein Horror, sodass gar keine Baumöglichkeiten mehr existieren würden. Emmets beherztem Eingreifen verdankt Lord Business schlussendlich die Einsicht, dass die beiden gestalterischen Wege einander nicht ausschließen.

Der Film hob in den Kinos regelrecht ab und gehörte in den USA zu den drei profitabelsten Filmen des Jahres. Begleitet wurde er von mehr als 20 passenden Sets im LEGO-Sortiment und einer Verkaufsspitze, die kurzzeitig zu einem nahezu leergekauften Markt in Nordamerika führte. Der Film heimste zahlreiche Preise ein und erntete praktisch ausschließlich gute Kritiken. Die Macher hatten nämlich eine überraschend pointierte und vielschichtige Story abgeliefert. Für eine abendfüllende Werbeanzeige steckte mehr Grips drin als nur eine bunte Steineparty, denn die Produktionsfirma Warner Bros. hatte den Dänen kein klassisches Mitspracherecht für das Drehbuch eingeräumt und konnte dadurch eine eigene Story auf Basis ihrer Recherchen in Billund entwickeln. Der Deal: Die einen produzieren einen Film zu Bausteinen, die anderen verkaufen die Bausteine zum Film.

Auch, wenn's nicht immer so aussieht: Nur der Abspann wurde komplett mit Stop-Motion-Technik erstellt. Alles andere basiert auf CGI-Technik, wurde aber in zahlreichen Details an das reale Steinchenuniversum angepasst. Die Bindenaht in Emmets Haar ist da, ebenso wie kleine Kratzer auf den Gesichtern, die den echten täuschend gut nachempfunden sind. Beim Astronauten bricht der Helm genau an der Stelle, wo er den Kindern früher beim Spielen auch immer brach. In den meisten Szenen bewegen sich die Figuren nur so, wie es die echten vormachen, um die Ästhetik der Brickmovies zu erhalten. Gleichzeitig bemühte sich das Filmstudio darum, Effekte aus realen Filmen einzusetzen wie zum Beispiel Steadycams.

Der Film ist durchzogen von zahllosen Referenzen, die man als Zuschauer teils beim dritten Sehen noch nicht alle erfasst hat. Von jenen, die sich direkt auf LEGO beziehen, gehört das Magische Portal zu den wichtigsten. Durch dieses wechselt Emmet zwischen realer Welt und LEGO-Universum. Der Name erinnert an den Brickfilm *The Magic Portal*, den der Australier Lindsay Fleay 1989 veröffentlichte. Er ist nicht der erste Film, aber einer der bekanntesten unter den frühen Fan-Werken. Die Brickmovies starteten bereits in den 1970ern noch vor Einführung der Minifiguren und generierten ein ganzes Genre, das bis heute großartige Filme hervorbringt. Wie die Filme gestaltet werden, überlässt LEGO den Hobbyregisseuren selbst. In einer Lizenz mit Steven Spielberg lancierte LEGO sogar einmal Sets, mit denen Stop-Motion-Animationen angeregt wurden. Doch die Reihe hielt sich nur drei Jahre auf dem Markt.

Im Kino legten LEGO und Warner Bros. 2017 nochmals nach mit *The LEGO Batman Movie* (R: Chris McKay) und *The LEGO Ninjago Movie* (R: Charlie Bean, Paul Fisher, Bob Logan) sowie dem *LEGO Movie 2* (2019, R: Mike Mitchell). Finanziell konnte aber nur noch einer der drei Filme an den Kassen überzeugen.

Laufende LEGO-Steine findet man parallel in Videospielen, einen Markt, den LEGO seit 1997 bedient. Während es in den Spielen anfangs noch recht gemächlich zuging, passten sich die Möglichkeiten der Technik an. Die erfolgreichen Spiele heute folgen den Lizenzen wie *Harry Potter*, *Indiana Jones* oder *Batman* und freilich *Star Wars*.

Arbeiten mit LEGO®

Arbeiten in Billund erscheint vielen Kindern und Erwachsenen zumindest für eine gewisse Zeit als Traumjob. Möglich wär's, denn eine konkrete Berufsausbildung gehört nicht dazu. Allen Designern gemein ist lediglich, dass sie schon im Kindesalter von den Steinen begeistert waren und individuell gebaut haben, was das Zeug hielt. Viele Konstrukteure sind Autodidakten und Menschen, die die Finger nicht von den Steinen lassen können und nicht müde werden, ständig neue Ideen auszuprobieren. LEGO lädt Bewerber nach verschiedenen Auswahlprozessen immer wieder nach Billund ein, wo sie in Assessments weiter getestet werden.

Für Kreative, die außerhalb des Unternehmens arbeiten, gibt es eine Alternative: Das LEGO Certified Professionals-Programm für handverlesene Enthusiasten, die ihren Beruf teilweise oder ganz mit LEGO-Steinen bestreiten. Sie sind zu keinem Zeitpunkt Angestellte des Unternehmens. Über das Bewerbungsprozedere ist öffentlich indes nicht viel bekannt. Klar ist, dass es ein bis zu zwei Jahre dauerndes Entry Program gibt, das erfolgreich abgeschlossen werden muss. In dieser Zeit arbeiten Kandidaten eng mit LEGO zusammen. Haben sie »bestanden«, werden sie offiziell als LCP anerkannt. LCP haben

Alice Finch

Mit der US-Amerikanerin verbindet die Welt seit 2012 vor allem eine Konstruktion: Das Schloss Hogwarts aus rund 400 000 Steinen, gestaltet nach den Filmen der *Harry Potter*-Reihe. Das Schloss beeindruckt mit einer detailreichen Innen-einrichtung, von farbigen Zaubertränken bis zu den Kunst-werken entlang der Treppenhäuser. Die ehemalige Lehrerin und Tochter eines Architekten hatte zunächst nur die Halle für ihre Söhne gebaut, doch schnell folgten weitere Schau-plätze. Finch entwickelt ihre Ideen durch Ausprobieren. Für die akkuraten Details probiert sie oft mehrere Varianten, bis sie die beste Lösung gefunden hat. Aus diesen Versuchen entstand ein eigenes Buch mit unzähligen Architektur-Ideen.

Inzwischen lebt Finch in Seattle zwischen mehr als 4 Mil-lionen LEGO-Steinen, verteilt in allen Räumen, veranstaltet LEGO-Camps und organisiert Gruppenprojekte. Vor allem Mädchen möchte sie mit ihrer Arbeit inspirieren und enga-giert sich für die Women's Brick Initiative. »Als Hogwarts vorgestellt wurde, waren viele Leute irritiert, weil es von einer Frau stammte«, erinnert sie sich.

einen einfachen Zugang zu Material, dürfen das Logo in fest-gelegtem Rahmen nutzen und erhalten teils von LEGO selbst Aufträge. Der Hauptteil ihrer Arbeit läuft aber über externe Auftraggeber wie Museen, Firmen sowie fremde und eigene Veranstaltungen.

Da weltweit viele AFOL auf einem hohen Niveau konstru-ieren, ist das LCP-Programm mit einem Qualitätssiegel ver-gleichbar, denn die Profis müssen in den Augen des Konzerns

Rene Hoffmeister

In Brandenburg wirkt und baut der einzige zertifizierte LEGO-Modellbauer Deutschlands. In der zweiten Staffel der deutschen Ausgabe der TV-Show *LEGO Masters* (RTL, 2020) arbeitete er als Juror und auch für die dritte wurde er engagiert. Hoffmeisters Laufbahn begann während des Studiums mit dem Onlineshop 1000steine, der Fans bis heute mit Material versorgt. Als er die erste Auftragsarbeit annahm, den Nachbau eines Motors, brach der gebürtige Berliner das Studium ab und machte sich als Modellbauer selbstständig.

Mit seiner Firma Brick Fabrik produziert er zum Beispiel Modelle für Ausstellungen und Messeexponate. Zu den beeindruckendsten Bauwerken aus Brandenburg gehört unter anderem ein Nachbau der Queen Mary 2, die es ins *Guinness-Buch der Rekorde* schaffte. Sein aktueller Rekord (2020) ist der Nachbau eines maßstabsgetreuen VW-Campingbusses aus über 400 000 Steinen.

die LEGO-Werte perfekt leben und vertreten. Das ist eine schwer messbare Größe, die sich im Vergleich zur Arbeit anderer AFOL insbesondere in zahlreichen strikten Richtlinien niederschlägt, die andere nicht befolgen müssen. Verboten sind etwa Auftragsarbeiten für Marketingkampagnen anderer Unternehmen und Motive mit Alkohol. Aktuell gibt es weltweit 21 offiziell anerkannte LCP. Neben Künstlern gehören Menschen dazu, die zum Beispiel mit Fan-Websites begonnen haben, Conventions veranstalten oder gezielt Kinder mit Schulungsprogrammen fördern.

Everything is Awesome?

Manchmal gibt es einen bestürzenden Moment der Erkenntnis. Bei LEGO besteht dieser Moment darin zu erkennen, aus
was der Stein besteht: Plastik. Das gesamte LEGO-Universum
ist aus Plastik. Während beispielsweise Verpackungsmaterial
inzwischen in Verruf geraten ist und immer mehr Menschen
sich um ein plastikfreies, möglichst nachhaltiges Leben bemü-
hen, ging LEGO lange weitestgehend unbeobachtet nebenher.
In den Köpfen bildet es gar eine eigene Materialklasse, wie es
der Philosoph Tommaso Bertolotti schildert. »Mit« LEGO bau-
en ist gleichbedeutend mit »aus« LEGO bauen. Ironischerweise
steht die Firma nach Jahrzehnten des Erfolgs erneut an einem
Punkt, der bereits den Start zäh machte: Plastik wird in Frage
gestellt. Als die ersten Spielzeuge aus Plastik auf den Markt
kamen, schimpften nicht wenige auf den neuen Materialtrend.
Gutes Spielzeug musste aus Holz hergestellt werden, um für
die Kinder wirklich wertvoll zu sein. Die Kunst der Familie
Kirk Christiansen war es, ihr Produkt aus der gedanklichen
Ecke des Künstlichen, Oberflächlichen und Billigen zu holen.
Dabei halfen sicher die clevere Verbindungstechnik und der
Systemgedanke. Zugleich profitierte die Firma aber auch von
dem ausgezeichneten Ruf, den Dänemarks Manufakturen ge-

nossen. Vor allem ab den 1950er Jahren wurde dänisches Design bei Möbeln und Gebrauchsgegenständen weltweit populär. Alle Produkte stammten aus kleinen Familienbetrieben, die nachhaltige, solide Arbeit auslieferten und sie mit einem Design versahen, das handwerkliche Tradition mit Moderne verband. Als dänische Möbel vor allem in den USA zum Trend wurden, kamen die kleinen Handwerksbetriebe mit ihrer Fertigung zunächst kaum hinterher. Die Verknüpfung dänischer Produkte mit hoher Qualität und ausgezeichnetem Design übertrug sich in der Folge auch auf andere Produzenten. Das allgemeine Prädikat »Skandinavisches Design« lässt sich nach wie vor gegen Konsumtrends anderer Herkunft ausspielen.

Die Plastikfrage steht heute insbesondere durch den Klima- und Umweltschutz erneut zur Diskussion. Bricks offenbaren unter diesem Aspekt eine gewisse Ambivalenz. Billund hat das erkannt und versucht beim Thema Nachhaltigkeit seit mehreren Jahren mit der Zeit zu gehen. Die Konzernzentrale stellte 2020 für die folgenden drei Jahre ein 400-Millionen-US-Dollar-Budget für Nachhaltigkeitsprojekte bereit. Wichtige Schritte dabei sind die kontinuierliche Senkung des Energieverbrauchs oder die Abdeckung des Energieverbrauchs aus erneuerbaren Energiequellen, was den Dänen seit 2019 gelingt. An diesem Erfolg beteiligt sind maßgeblich die Investitionen der LEGO-Muttergesellschaft Kirkbi, die stark in die alternativen Energien Solarenergie und Windkraft investiert. Die chinesischen Fertigungshallen sind beispielsweise mit mehreren tausend Solarpaneelen ausgestattet. Die Fabrik in Ungarn ist gar per Rad erreichbar (ein Feature, das auf den Straßenplatten im LEGO-Universum bisher übrigens nicht umgesetzt wurde). Inzwischen ist auch bekannt, dass LEGO innerhalb weniger Jahre seinen CO_2-Fußabdruck um mehr als ein Drittel senken will, um die Pariser Klimaziele zu erreichen. Ein ambitioniertes Ziel, denn nach eigenen Angaben beträgt der hauseigene Anteil daran nur 10 Prozent, während der Hauptteil in der Zulieferkette anfällt, darunter bei Rohstoffen und Vertrieb. Apropos Rohstoffe: Sehr viel Arbeit steckt tatsächlich im Wechsel der Materialien für den Stein selbst, und nach Ersatz zu suchen ist kniffliger, als es auf Anhieb aussieht. LEGO nutzt rund 20 verschiedene Materialien und ABS macht darunter den Löwenanteil aus. Jeder neue Werkstoff muss mit allen anderen zusammensteckbar sein. Recyclate sind eine Lösung, Biokunststoffe eine andere (die wiederum manchmal eigene Nachteile mitbringen). Polyethylen, das rund 2 Prozent der Kunststoffe bei LEGO ausmacht, stellte der Konzern bereits auf einen pflanzenbasierten Rohstoff um. Andere Ziele, die offen kommuniziert und bilanziert werden, sind eine Zero Waste-Strategie und die Idee, Produktionen jeweils so zu legen, dass sie die Absatzregionen mit kurzen Transportwegen bedienen können. Dran glauben müssen die Einwegplastikbeutel zugunsten von Papiersäckchen, in denen die Steine jedes Sets portionsweise abgepackt sind. Die Adventskalender laufen schon seit 2017 mit Papierschalen und damit einer Plastikersparnis, die LEGO auf rund eine Million Schalen beziffert und 7000 Tonnen Kartonage sparte man innerhalb von fünf Jahren nach eigenen Angaben durch das Neudesign der Verpackungen ein. LEGO denkt sogar über ein Konzept für Ausleihe nach. Von einem Testbetrieb ist die Firma auf Grund zahlreicher Detailfragen allerdings noch weit entfernt. Gut angelaufen ist aber die Spendeninitiative Replay, für die in den USA bereits mehr als 180 000 Kilo ungenutzter Steine gespendet wurden. Das System soll nun in weiteren Ländern etabliert werden.

Mal ehrlich: So ganz ohne Kunststoff können wir uns unsere Welt nicht vorstellen und eine nachhaltige Produktstrategie lässt sich mit dem einen oder anderen Produkt durchaus verwirklichen. An sich spricht die enorme Haltbarkeit der Steine für sie, da sie praktisch kaum kaputt gehen und lange ohne Qualitätseinbußen weitergegeben werden können. Von Wegwerfplastik ist LEGO wirklich weit entfernt. Die Firma sagt, dass 97 Prozent aller Käufer die Steine behalten und später weitergeben. Vielen Konsumenten von heute ist nicht mehr gleichgültig, welche sozialen oder ökologischen Umstände mit Fertigung und Nutzung verknüpft sind, die Informationen dazu liegen transparenter vor als je zuvor und erreichen über digitale Medien eine breite Wahrnehmung. LEGO hat erkannt, dass das Unternehmen Anpassungen benötigt, und die Finanzkraft dazu ist in Billund vorhanden.

LEGO ist als Unternehmen ein einzigartiger Nischenanbieter, der sich durch die Fokussierung auf ein einziges Produkt, den Stein, auf dem Markt unabhängig bewegen kann. Zwar scheint diese Aufstellung der sonst so wichtigen Diversifizierung im Wege zu stehen. Doch das Produkt selbst ermöglicht eine nahezu unendliche Vielfalt an Möglichkeiten. Statt das Produkt zu verändern, verändert LEGO das, was man damit baut. So folgt die Firma Trends, ohne jedes Mal komplett neue Produkte von Grund auf entwerfen zu müssen. Alles, was abweicht, sind »nur« Ergänzungen. Zugegeben, so manche Sets fungieren eher als reine Kulissen, die fremde Geschichten für das Spiel vorgeben. Doch die Möglichkeit zum Ausbruch aus den Mustern ist in den Elementen selbst immer da und zu den Bestsellern des Hauses gehört neben den Themensets die klassische Steinebox. Eine taktisch kluge Aufstellung erleichtert LEGO den Kontakt mit den Käufern: Anders als andere Spielwarenhersteller setzt LEGO stark auf eine eigene Lieferkette mit eigener Produktion und eigenen Shops. Bereits jetzt existieren weltweit über 670 firmeneigene Geschäfte.

Ein Ende der großen Sympathie für den kleinen Baustein ist weit und breit nicht in Sicht. Der Beweis dafür geht ganz einfach: Man nehme eine Schüssel voller Steine und stelle sie irgendwo auf. Es wird keine fünf Minuten dauern, bis die ersten ihre Finger darin haben, Steine zusammenstecken und ihre Kreationen miteinander abstimmen, ganz unabhängig vom Alter. Mit einem Lächeln im Gesicht. Bausteine sind das Symbol schlechthin für gutes Kinderspielzeug und weil das LEGO-System an dieses Spielerlebnis mit einem eigenen Konzept anknüpft, profitiert es automatisch von diesem Status. Der Systemgedanke funktioniert lückenlos, ganz so, wie es der dänische Spielwareneinkäufer einst vorausgesagt hatte. Wenn ein Set auf den Markt kommt, kann es eine völlig neue Geschichte erzählen und ungewohnte Motive zeigen. Und doch ist es in seinem Aufbau gleichzeitig etwas ganz Vertrautes. Ein simpler Stein als Keimzelle der Kreativität funktioniert fast noch besser als in den Anfangsjahren des Produkts. Denn immer mehr Eltern und Großeltern finden in den Bausteinen ein Echo ihrer Kindheit, das sich weitergeben lässt. Gerade in Deutschland ist die emotionale Verbindung zu LEGO besonders groß.

In Billund gibt es eine so genannte Memory Lane. So nennen die Dänen das Archiv, in dem praktisch alle Sets aufbewahrt werden, die es je gegeben hat. Mit über 4700 sind das eine ganze Menge. In dieser Memory Lane zeigt sich, welche emotionale Kraft die Steinchen haben. So manchen kommen die Tränen, wenn sie Sets aus ihrer Kindheit entdecken und in die Hand nehmen dürfen.

Mit den Minifiguren kam in der Karriere der Bausteine ein Aspekt hinzu, der die Kreativität maßgeblich erweiterte. Die Figuren erlauben Rollenspiele und hauchen jedem Bau zusätzliches Leben ein. Ein Flugzeug mit Pilot steigen zu lassen, ist einfach befriedigender als ein Flugzeug ohne. Mit ihren ersten Sets verbanden die Dänen die Idee, dass mit den Steinen reale Dinge nachgebaut werden können, die die Kinder täglich umgeben. Häuser zum Beispiel, Kirchen oder Autos. Doch erst die Figuren verliehen einer nachgebauten Szene eine gewisse Dimension und den nötigen Hauch von Realität. Während erste Figurenmodelle maßstäblich nicht in die Bauten passten, waren die Minifiguren ideal abgestimmt – plötzlich ergaben alle Bauten einen Sinn.

Fassen wir zusammen: Mit Klemmbausteinen kann im Prinzip jeder bauen, wie wir gesehen haben. LEGOs Wettbewerber holen auf. Was ihnen allerdings fehlt, ist eine Geschichte mit dem Zeug zum Mythos: Eine lange Tradition, gepaart mit den Charakteristika einer findigen und hartnäckigen Gründerfamilie sowie einem dramatischen Turnaround. Eine hinreißend gute Story, die regelmäßig den Hintergrund für Firmenportraits liefert. Dazu eine Community, die Konstrukteure auf verschiedensten Kanälen miteinander verbindet. LEGO setzt gezielt auf dieses Wir-Gefühl, das Events und Aktionen aufrechterhalten, und folgt den klugen Worten von George Bernard Shaw: »Wir hören nicht auf zu spielen, weil wir alt werden. Wir werden alt, weil wir aufhören zu spielen.«

Kleines LEGO®-Lexikon

ABF: Adult Brick Fan; siehe **AFOL**

AFOL: Adult Fan of LEGO; erwachsener Fan von LEGO

BURP: Big Ugly Rock Piece; große, hässliche Formteile für Felsen (auch: **MURP** und **LURP**, medium bzw. large)

CMF: Collectible Minifigures; eine Minifiguren-Serie zum Sammeln

Custom: Maßgeschneidert; Steine, die beklebt, selbst bedruckt, gesägt oder bemalt sind, sowie Bauten, die Klemmbausteine anderer Fabrikanten einschließen

Dark Ages: Dunkle Jahre; Lebensphase, in der Bricks vorübergehend keine Rolle spielen

EOL: End of Life; auslaufende Sets

Galidor: Themenwelt, die – ganz ohne Noppen – 2002 vor allem in den USA punkten sollte, entwickelte sich zur am schlechtesten verkauften und am schnellsten wieder vom Markt genommenen Serie (nach nur einem Jahr)

GKC: Godtfred Kirk Christiansen; Abkürzungen wie diese gibt es für alle Familienmitglieder, die mit dem Unternehmen verbunden sind, sowie namhafte Manager: TKK, KKK, OKC, JVK

Illegal: Bauweise, die LEGO-intern für das Set-Design nicht benutzt werden darf, z. B. weil die Steine unter Spannung stehen oder zu lose verbunden sind

Klon: Sammelbezeichnung für alle Klemmbausteine, die nicht von LEGO sind

LAN: LEGO Ambassador Network; Organisation für von LEGO anerkannte Fan-Gruppen

LCP: LEGO Certified Professional; von LEGO offiziell zugelassene Konstrukteure und Künstler, die einen mit LEGO-Steinen verbundenen Beruf haben. LCP durchlaufen einen anspruchsvollen Zulassungsprozess und sind keine LEGO-Angestellten

LDD: *LEGO Digital Designer*: Freeware-Programm zur Gestaltung von MOC. Wird offiziell von LEGO nicht mehr unterstützt, funktioniert zurzeit aber noch

LOC: LEGO Online Community

LUG: LEGO User Group; Gruppe von LEGO-Fans

MOC: My Own Creation; meine eigene Kreation. Ohne Anleitung gebautes Werk

MOD: My Own Modification; Serien-Set, das an die eigenen Vorstellungen angepasst wird

NPU: Nice Part Usage; Begriff für den originellen oder ungewöhnlichen Einsatz eines Elements (z. B. Kaffeetasse als Autoscheinwerfer)

Rebricken: Sets nachbauen mit eigens dafür beschafften Steinen

SNOT: Studs Not on Top; Noppen nicht oben. Bautechnik, die seitliche Anbauten oder solche nach unten ermöglicht

SNIR: Studs Not in Row; Noppen nicht in der Reihe. Bautechnik für Bauteile, die schräg auf der Grundplatte stehen

UCS: *Ultimate Collector Series*. Name für exklusive *Star Wars*-Sets, Sammelserie

WIP: Work in Progress; Dokumentierter Zwischenstand eines MOC

Lektüretipps

Bertolotti, Tommaso W.: Legosophie. Petite philosophie du Lego. Paris 2019.

Cook, Roy T. / Bacharach, Sondra (Hrsg.): LEGO and Philosophy: Constructing Reality Brick By Brick. Hoboken 2017.

Doyle, Mike: Faszinierende Lego-Welten. Ravensburg 2015.

Elsmore, Warren: Weltwunder mit LEGO. Historische und moderne Werke und Naturwunder bestaunen und nachbauen. Heidelberg 2015.

Finch, Alice: Das Lego-Architektur-Ideenbuch. 1001 außergewöhnliche Bautechniken für Mauerwerk, Fenster, Säulen, Dächer und vieles mehr. Heidelberg 2019.

Friesen, Jeff: Lego Micro Cities. Build your own Mini Metropolis! San Francisco 2019.

Lange, Alexandra: The Design of Childhood. How the Material World Shapes Independent Kids. New York 2018.

Lipkowitz, Daniel: Das Lego Buch. Die ganze Welt der Lego Steine. München 2020.

Robertson, David C.: Das Imperium der Steine. Wie LEGO den Kampf ums Kinderzimmer gewann. Frankfurt a. M. 2014.

Schwartz, Jordan: Lego kreativ. Außergewöhnliche Wege zu tollen Modellen. Heidelberg 2014.

Uhle, Margret: Die LEGO Story. Der Stein der Weisen. Reinbek b. Hamburg 2000.

 mafia

 karl marx

 loriot

 star wars

 asterix

 gehirn

Die drei ???®

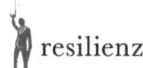 stephen king

reclam.
100 seiten

 resilienz

 antike

 reinhard mey

 susan sontag

 feminismus

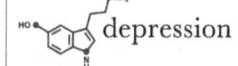 biodiversität

depression